X14015

AF250956

X
1370
H

H.

14015

LA LANGUE DU DROIT

DANS

LE THÉATRE DE MOLIÈRE

PAR

M. EUGÈNE PARINGAULT,

Docteur en droit, procureur impérial à Beauvais.

PARIS

AUGUSTE DURAND,

LIBRAIRE DE LA BIBLIOTHÈQUE DES AVOCATS, DE LA BIBLIOTHÈQUE DE LA COUR IMPÉRIALE,
ÉDITEUR DE LA *Correspondance littéraire*, DES *Séances et travaux de l'Académie
des sciences morales et politiques.*

7, RUE DES GRÈS-SORBONNE.

1861

(Extrait de la *Revue historique de droit français et étranger,*
numéros de mai-juin etjuillet-août.)

PARIS. — TYPOGRAPHIE HENNUYER, RUE DU BOULEVARD, 7.

LA LANGUE DU DROIT

DANS LE THÉATRE DE MOLIÈRE.

———

I

Molière, suivant l'expression qu'on lui prête à lui-même, prenait son bien partout où il le trouvait. S'il n'était pas de bouquin qui se sauvât de ses mains [1], tant il était fureteur de sa nature, il n'était pas non plus de ridicule qui échappât à son observation. Selon la tradition, lorsqu'il fut invité à réparer une omission qu'on lui signalait dans sa comédie des *Fâcheux*, représentée chez le favori Fouquet le 17 août 1661, il s'adressa au grand veneur, M. de Soyecourt, qui l'initia au dictionnaire des termes de la vénerie et des chasses, et à quelques jours de là une nouvelle scène des plus divertissantes, pleine d'un comique tout en action, quoiqu'il s'agisse d'une pièce à tiroir, était cousue à la comédie primitive, à la grande satisfaction de ceux qui assistaient à la seconde représentation, qui eut lieu à Fontainebleau le 27 du même mois. M. de Soyecourt lui-même, peint au vif dans cette galerie d'originaux,

> S'y vit avec plaisir, ou crut ne s'y point voir.
> (Boileau, *Art poétique*, ch. III, vers 354.)

Outre ce collaborateur qui avait dû l'être sans le savoir, Molière en compta, pour ce rôle, un plus illustre. Après avoir assisté à la première représentation de la pièce, Louis XIV avait dit à l'auteur, en voyant passer son veneur : *Voilà un grand original que vous n'avez point encore copié* [2]. C'est donc avec raison que, dans son épître dédicatoire des *Fâcheux*, l'auteur a dit,

[1] C'est ce que reconnaît un de ses adversaires qui, dans la comédie de *Zélinde* (acte I, sc. VII), dit : « Pour réussir, il faut prendre la manière de Molière, lire tous les livres satiriques, prendre dans l'italien et lire tous les *vieux bouquins* ; il faut avouer que c'est un galant homme, et qu'il est louable de savoir se servir de tout ce qu'il lit de bon. »

[2] *Histoire de la vie et des ouvrages de Molière*, par J. Taschereau, édition de 1844, p. 40.

de ce complément de sa pièce, que le roi *avait eu la bonté de lui en ouvrir les idées* [1].

Mauvillain, ce médecin qui ordonnait à Molière des remèdes que celui-ci ne faisait pas [2], et qui resta l'ami de l'auteur comique, malgré la guerre déclarée par ce dernier à la médecine, Mauvillain fit même plus; médecin sans préjugés, il fut, au dire de la Faculté, l'âme damnée qui fournissait à Molière ses mots de médecine.

Pour le droit, on n'indique personne qui en ait soufflé la langue à Molière. Sa puissance ordinaire d'assimilation ne nous paraît pas avoir suffi pour lui tenir lieu à cet égard de tout secours étranger ; on trébuche à chaque pas, en effet, lorsqu'on veut parler cet idiome sans l'avoir étudié; or, Molière, nous le démontrerons au cours de ce travail, marche d'un pas ferme sur ce terrain comme sur tous les autres.

Nous ne croyons pas le gentilhomme de Limoges quand il veut nous persuader qu'il parle la langue du droit sans l'avoir apprise [3], à l'imitation du pseudo-gentilhomme Jourdain qui, lui, faisait depuis plus de quarante ans de la prose sans s'en douter, ou chantait bien sans avoir appris la musique [4]. A M. de Pourceaugnac annonçant que « ces mots-là me viennent sans que je les sache, » Molière s'est chargé de répondre par la bouche de Sbrigani qui lui dit : « Il me semble que le sens commun d'un gentilhomme peut bien aller à concevoir ce qui est du droit et de l'ordre de la justice, mais non pas à savoir les vrais termes de la chicane [5]. » Ce qui est vrai de Pourceaugnac l'est de tout homme qui a à faire usage des mots de la procédure. Nous croyons donc qu'ici Molière avait ses ressources en lui-même et cela seul nous inspire un préjugé favorable à l'opi-

---

[1] Voir la *Dédicace au roi* en tête de la comédie des *Fâcheux*.

[2] « Tout le monde sait qu'étant un jour au dîner du roi : « Vous avez un médecin, dit le roi à Molière, que vous fait-il? — Sire, répondit Molière, nous causons ensemble, il m'ordonne des remèdes, je ne les fais point et je guéris. » (*Vie de Molière*, par Voltaire.) — Voir aussi p. XLIX des *Mémoires sur la vie et les ouvrages de Molière*, par de La Serre, mis en tête de l'édition in-4 des œuvres de Molière, de 1734.

[3] *Pourceaugnac*, acte II, sc. XII.

[4] *Le Bourgeois gentilhomme*, acte II, sc. VI, et acte I, sc. II.

[5] Voir la comédie de *Pourceaugnac*, à la scène citée plus haut.

nion de ceux qui veulent que Molière ait étudié en droit. Cette question, dont il faut dire ici un mot, a été fort débattue entre ses biographes, et au résumé on est aujourd'hui encore réduit, là-dessus, à des conjectures [1].

Comme il existe une lacune de trois ans environ dans la vie de Molière, on est amené à supposer que, comme plusieurs fils de la bourgeoisie et du commerce aisé d'alors, Molière a fait son droit, à l'étude duquel on assigne le temps écoulé de 1642 à 1645. En outre, comme le rétablissement de l'enseignement du droit civil n'avait pas encore eu lieu à Paris, c'est à l'école de droit la plus rapprochée de la capitale, à celle d'Orléans [2], que ceux des biographes de Molière qui admettent qu'il a étudié en droit ont, de leur autorité privée, envoyé le jeune Poquelin pour y prendre ses inscriptions et pour y passer ses examens. On n'a pas d'autre preuve que celle-là relativement au séjour à Orléans. Quant à l'étude du droit elle-même, Grimarest, qui pouvait puiser ses renseignements près des contemporains, dit que le fait de cette étude lui avait été d'abord absolument contesté

---

[1] Voir une note p. v et vii du tome 1er de la 4e édition des œuvres de Molière, publiée par M. Aimé-Martin; — J. Taschereau, *opere citato*, p. 6 et 7; — Grimarest, p. 312; — A. Bazin, *Notes historiques sur la vie de Molière*, 2e édition, p. 19; — Bayle, *Dictionnaire historique et critique*, article *Poquelin*; — *Mémoires sur la vie et les ouvrages de Molière*, p. xviij.

[2] L'école d'Orléans était alors très-fréquentée par les disciples de Thémis. On y discutait et disputait beaucoup, sans arriver à s'y entendre : de là est venu le proverbe longtemps si connu : *C'est la glose d'Orléans, plus obscure ou pire que le texte*. — A Paris, du temps de la jeunesse de Molière, et par suite d'un usage remontant à Philippe le Bel, qui l'avait consacré législativement en 1312, on n'enseignait que le droit canon, de même qu'à Orléans on n'enseignait que le droit civil. Cette ligne de démarcation avait été tracée pour éviter toute lutte entre les théologiens et les jurisconsultes, qui précédemment avaient cherché réciproquement à s'enlever leurs élèves. Terrasson dit à ce sujet, dans son *Histoire de la jurisprudence romaine*, p. 442 : « La prudence de nos rois les engagea à ne pas souffrir dans ces temps-là, dans une même ville, les deux écoles. » — C'est seulement six ans après la mort de Molière, et par édit donné à Saint-Germain en Laye, au mois d'avril 1679, qu'il fut décrété: « que dorénavant les leçons publiques du droit romain seront rétablies dans l'Université de Paris, conjointement avec celles du droit canonique, nonobstant l'article 69 de l'ordonnance deBlois. » — Cet article 69 de l'ordonnance de Blois, de mai 1579, était ainsi conçu : « Défendons à ceux de l'Université de Paris de lire ou graduer en droit civil. »

par des personnes qu'il devait supposer en être bien informées, mais que, la famille de Molière l'ayant positivement assuré du contraire, il se croit obligé de dire que Molière fit son droit.

Grimarest ajoute que Molière se fit ensuite recevoir avocat ; mais nous pensons avec M. Bazin, dans ses *Notes historiques sur la vie de Molière*, que le temps manque pour ce résultat final de ses études, Poquelin dès 1645 s'étant fait comédien et ayant pris alors le nom de Molière, qu'il ne quitta plus depuis. La suite du récit de Grimarest nous paraît surtout tout à fait légendaire et de pure fantaisie quand il ajoute : « Que Molière fit son droit avec un de ses camarades d'étude ; que dans le temps qu'il se fit recevoir avocat ce camarade se fit comédien ; que l'un et l'autre eurent du succès chacun dans sa profession, et qu'enfin, lorsqu'il prit fantaisie à Molière de quitter le barreau pour monter sur le théâtre, son camarade le comédien se fit avocat. »

Cette double cascade entre Molière et son camarade, signalé comme comédien à succès, mais resté innommé, nous paraît inadmissible en l'absence de toute preuve quelconque ; il y a d'ailleurs dans cette antithèse de situations un apprêt de mise en scène très-propre par lui seul à inspirer du doute sur la sincérité du récit.

Le Boulanger de Chalussay, dans sa comédie d'*Élomire*[1] *hypocondre, ou les Médecins vengés,* qui parut en 1670, veut aussi que Molière ait été avocat ; c'est également lui qui, le premier, fait mention d'un séjour de cet auteur à Orléans pendant son temps d'études. Voici le passage qui a trait au point que nous examinons. C'est Molière qui parle [2] :

> Puis venant d'Orléans, où je pris mes licences,
> Je me fis avocat au retour des vacances [3] ;
> Je suivis le barreau pendant cinq ou six mois,
> Où j'appris à plein fond l'Ordonnance [4] et les lois.

[1] *Élomire* est l'anagramme de Molière.

[2] A l'acte IV, sc. II.

[3] Le voici fait avocat plaidant à Paris ; si la chose eût été exacte, les tableaux de l'ordre ou les archives du greffe en auraient conservé souvenir au moins au dix-huitième siècle.

[4] Il y a ici un anachronisme évident ; à l'époque où Le Boulanger de Chalussay écrivait, c'était en 1670, l'ordonnance sur la procédure civile existait à la vérité ; elle datait, en effet, de 1667 ; mais Molière n'avait pu

Mais quelque temps après, me voyant sans pratique,
Je quittai là Cujas et je lui fis la nique.

Ce témoignage d'un satirique sur la pratique du barreau par Molière nous paraît tout aussi insuffisant que celui de Grimarest, en l'absence de toute indication officielle de stage antérieur. Nous croyons donc devoir nous en tenir à l'opinion de La Grange, qui fit partie de la troupe de Molière et qui, dans la préface de l'édition de ses œuvres donnée en 1682, se borne à dire qu'il a étudié en droit. C'est à cette opinion que nous nous arrêtons, en ajoutant qu'il est probable, mais non établi, que ces études de droit ont été faites à Orléans, et en ajoutant encore qu'il n'est pas du tout démontré que Molière ait fait un cours complet de droit et qu'il ait pris ses licences.

Est-ce en souvenir du temps qu'il a passé sur les bancs de l'École de droit que Molière n'a pas joué les avocats? On a dit que le silence de Molière sur les avocats était volontaire et qu'on croyait qu'il était possible de l'expliquer à l'honneur des avocats [1].

La bienveillance de Molière en faveur des avocats, bienveillance dont nous voulons parler d'abord, nous paraît fort contestable. Si, dans *le Malade imaginaire* (acte I, sc. IX), un notaire, qui craint l'appel des avocats près de son client, les représente en affaires de délicatesse comme gens de difficulté [2], Molière, dans d'autres endroits, leur donne plus qu'une atteinte légère. Dans *l'Étourdi* (acte V, sc. IV), l'avocat est considéré *comme bien méchant;* dans *les Fourberies de Scapin* (acte II, sc. VIII), l'avocat est représenté comme devant être gagné par la partie adverse pour ne pas se trouver à l'audience lorsqu'on plaidera l'affaire, ou comme devant dire *des raisons qui battront la cam-*

l'apprendre, *à plein fond* ou autrement, à vingt-deux ans en arrière ; d'ailleurs, en 1645, au plus tard, il avait quitté l'étude du droit pour le théâtre.

[1] Voir un article de M. Ch. Truinet, avocat, publié en 1855 dans le tome I, p. 84 et suiv., de la *Revue historique de droit français et étranger*, sous ce titre : *Pourquoi Molière n'a pas joué les avocats*.

[2] Voici le passage entier : « Ce n'est point à des avocats qu'il faut aller, car ils sont d'ordinaire sévères là-dessus et s'imaginent que c'est un grand crime que de disposer en fraude de la loi : ce sont gens de difficulté et qui sont ignorants des détours de la conscience. »

pagne et qui n'iront pas au fait [1]; Scapin revient même encore à
la charge des avocats en disant un peu plus loin : « Quand il n'y
aurait à essuyer que les sottises que disent devant tout le monde
de méchants plaisants d'avocats, j'aimerais mieux donner trois
cents pistoles que de plaider. »

Quoi qu'il en soit, la profession d'avocat était généralement
en estime au temps de Louis XIV; on s'en convainc en lisant le
procès-verbal des conférences tenues pour l'examen de l'ordonnance civile [2]; mais les avocats, dans l'ensemble, n'en restaient
pas moins les tributaires du grand justicier des ridicules de son
temps, et Molière, en en parlant, se serait trouvé disculpé par lui-
même et par les nécessités de sa situation d'auteur dramatique.
On sait, en effet, que Béralde répond à Argan, dans *le Malade
imaginaire* [3], au sujet du reproche fait par celui-ci à Molière de
mettre sur son théâtre les médecins : « Que voulez-vous qu'il y
mette que les diverses professions des hommes? »

Mais, continue-t-on [4], « la profession d'avocat n'imprime aucun caractère particulier à ceux qui l'exercent et laisse à chacun
son individualité. » Oui, peut-être aujourd'hui, mais non pas il y a
deux cents ans. Le costume, le langage [5], les habitudes de la vie,

[1] C'était le travers du temps. On lit dans Gui Patin (lettre du 25 février
1660, t. III, p. 177 de l'édition de 1846) : « Il se plaida, le 21 de ce mois,
une cause à la grand'chambre, entre les médecins et les chirurgiens. *L'a-
vocat des chirurgiens dit bien des choses qui ne servaient de rien à son fait*,
comme, entre autres, que Rome avait été trois-cents ans sans médecins, et
que les Romains avaient chassé Archagathus. »

[2] Sur l'article 10 du titre XXVII, le président de Novion a dit que la
profession des avocats était une profession libre, *qu'elle était remplie de
fort honnêtes gens*, et qu'il n'y avait pas de nécessité d'innover à leur égard.

[3] Act. III, sc. III.

[4] M. Truinet, article déjà cité, p. 87.

[5] Qu'on lise, par exemple, Patru lui-même, Patru, le réformateur du
style du barreau, et tout en rendant justice à ses nombreux mérites on
reconnaîtra que dans son langage l'apprêt trop académique étouffe parfois
encore le naturel. — A côté de lui, brillait alors Gautier, *aigre et mordant*
d'après le mot de Boileau, Gautier *la gueule*, comme on l'appelait, dans les
habitudes et les discours duquel Molière aurait pu trouver sinon le sujet
d'une comédie, au moins celui d'un caractère pour une pièce épisodique
comme *les Fâcheux*. Vigneul-Marville, dans ses *Mélanges*, dit de Gautier qu'il
a « la voix d'un corbeau qui croasse sur une proie qu'il a ensanglantée de
ses ongles.» — Il y avait encore à prendre comme types, au besoin, Huot et
Le Mazier, qui, selon une note de Daunou, dans son édition de Boileau,

tout cela différenciait alors les avocats des autres classes de la
société. Un jeune homme aujourd'hui n'aurait plus, en venant
faire une proposition de mariage, à dissimuler un titre de licen-
cié, tout au contraire. Mais il n'en était pas de même au temps
de Molière; témoin le travestissement de Dorante dans *le Menteur*, de Dorante *faisant banqueroute au fatras des lois*, se posant
en cavalier et disant (acte I, sc. VI) :

> Qu'un homme à paragraphe est un joli galant !
> On s'introduit bien mieux à titre de vaillant.

Aujourd'hui que le moule général et social est à peu près le
même pour tous les hommes bien élevés, plus d'un avocat peut
lutter sur le terrain de la galanterie avec un petit-maître, mais
les choses n'en étaient pas encore arrivées là il y a deux siècles,
et Pourceaugnac lui-même, que je soupçonne d'avoir vu jouer
le Menteur à Limoges[1], fait son profit du conseil de Dorante;
aussi, quand il vient à Paris pour épouser, il dissimule soigneuse-
ment son titre d'avocat et de praticien, et se présente seulement
comme un gentilhomme qui a étudié en droit[2].

Le silence de Molière sur les avocats, outre qu'il n'a pas été
complet, ne nous paraît, dans aucun cas, avoir pour l'ordre entier la signification favorable qu'on lui donne. On oublie d'ailleurs, en fournissant cette explication, que Molière n'a pas plus
joué les procureurs que les avocats, bien qu'il y eût, dans ce
temps-là, dans la corporation de ces officiers publics, et Pé-Four-
nier, dont Boursault a dit :

> Pé-Fournier, méchant borgne et procureur subtil[3],

et Rolet, dont le nom est devenu proverbe par suite de la mention

passaient pour peu délicats dans le choix de leurs causes, et qui étaient
en renom au barreau d'alors, où, comme dit Boileau (satire I, vers 123) :

> Où Patru gagne moins qu'Huot et Le Mazier.

Dans son épître II (vers 35 et 36), Boileau cite de nouveau Le Mazier, en
disant de lui et d'un de ses confrères à l'abbé Desroches :

> Non, non, tu n'iras point, ardent bénéficier,
> Faire enrouer pour toi Corbin ni Le Mazier.

[1] La première représentation du *Menteur* date de 1642, et la comédie de
Pourceaugnac n'a été représentée qu'en 1669.

[2] *Pourceaugnac*, acte I, sc. V.

[3] Voir dans les œuvres de Boursault ses poésies diverses.

que Boileau en a faite dans ses œuvres. Or, s'il fallait donner un sens favorable à l'omission à l'égard des avocats, pourquoi les procureurs, dont la conscience en général n'était peut-être pas alors des plus nettes, ne se prévaudraient-ils pas au même titre du silence gardé à leur sujet?

A notre avis, si Molière n'a pas parlé des avocats, on peut dire que ce n'est pas une omission préméditée, mais seulement que le temps ou l'occasion lui a manqué pour s'occuper d'eux.

Le sujet, d'ailleurs, n'était plus à traiter au théâtre. *Les Plaideurs* tenaient leur rang au répertoire, et Molière reconnaissait lui-même que la place était prise. Assistant à la première représentation des *Plaideurs* en 1668, il s'écriait en sortant : « Cette comédie est excellente [1]. »

Avant d'en finir avec les avocats, il est toutefois permis de regretter que Molière, qui s'est servi du Phormion de Térence pour ses *Fourberies de Scapin*, n'en ait pas imité une scène assez plaisante. Dans le Phormion un vieillard veut, comme l'Argante des *Fourberies*, faire casser le mariage de son fils, et pour arriver à ces fins il consulte un triumvirat d'avocats. L'un répond qu'on peut casser le mariage; l'autre estime qu'on ne le peut pas, le troisième émet l'avis qu'il convient d'en délibérer plus à loisir, vu la gravité de la question. Après cette docte consultation, le vieillard se trouve juste un peu plus embarrassé qu'il ne l'était auparavant. Molière paraît s'être souvenu ailleurs de ce passage en l'appliquant à des médecins et non plus à des avocats [2]. Cette application convient également bien à toute science de nature conjecturale.

Ceci dit, nous entrons plus au cœur de notre sujet et nous allons suivre Molière lui-même sur le terrain du droit. Pour éviter la sécheresse d'une indication alphabétique ou chronologique, il nous a paru convenable d'adopter quelques divisions générales et de parler successivement :

1° De la justice civile dans Molière;

2° De la justice criminelle;

---

[1] *Mémoires sur la vie de Jean Racine*, par Louis Racine, Lausanne, 1747, p. 76.

[2] *L'Amour médecin*, act. II, sc. IV.

3° Des hommes de justice ;

4° De quelques locutions et usages juridiques dont il est fait mention dans le théâtre de Molière.

Chacune de ces divisions sera l'objet d'un paragraphe faisant suite au paragraphe d'introduction.

II

Molière nous donne son sentiment sur les procès à propos de l'impression faite contre son gré, en 1660, de sa pièce des *Précieuses ridicules*. « Je ne voulais pas, dit-il à l'occasion de ses Précieuses[1], qu'elles sautassent du théâtre de Bourbon dans la galerie du Palais. Cependant, je n'ai pu l'éviter et je suis tombé dans la disgrâce de voir une copie dérobée de ma pièce entre les mains des libraires, accompagnée d'un privilége obtenu par surprise. J'ai eu beau crier : O temps ! ô mœurs ! on m'a fait voir une nécessité pour moi d'être imprimé ou d'avoir un procès; et le dernier mal est encore pire que le premier. »

Cette appréhension de Molière[2] se rapproche beaucoup de celle qui fait dire à Montaigne : « A combien de fois me suis-je fait une bien évidente injustice, pour fuyr le hasard de la recevoir encore pire des juges après un siècle d'ennuis et d'ordes et viles pratiques[3] ! »

Cette aversion de Molière et de Montaigne pour la chicane était partagée par des jurisconsultes eux-mêmes. Le grave Charondas, qui écrivait à la fin du règne de Henri IV et sous celui de Louis XIII, appelle les procès *le malheur de la France;* il plaint le plaideur comme l'homme atteint d'une fièvre continue, car « le procès est une fièvre ou plutôt hydropisie qui n'offense seulement le corps, ains aussi l'esprit et les biens[4]. »—Son contemporain Loyseau dit aussi : « Qu'il n'y a pas de procès *qui ne*

---

[1] Voir la préface de la pièce.

[2] Racine fut moins timoré; il eut un procès « que ni mes juges, ni moi, dit-il, n'avons jamais bien entendu. » (Voir la préface par lui publiée en 1668 de sa comédie des *Plaideurs.*)

[3] *Essais,* liv. III, chap. **x**.

[4] Voir l'*Avant-propos,* sans pagination, du tome II de l'édition de ses œuvres publiée en 1637.

fâche en cœur et ne travaille grandement l'une et l'autre des parties [1]. »

C'est qu'en effet, à l'époque où Molière se serait mis en procès, les désordres étaient encore grands dans l'administration de la justice civile ; les guerres de religion et plus tard les luttes de la Fronde n'avaient pas laissé le temps, ni donné le calme nécesraire pour porter une attention sérieuse sur ce grave sujet. On l'avait essayé à bien des reprises, depuis des siècles, mais on l'avait essayé sans suite, et tant étaient multiples et mal coordonnées les lois sur la procédure civile que, dans le siècle même de Molière, les jurisconsultes Néron et Girard publiaient un énorme et très-effrayant in-folio, sous le titre de : Recueil des ordonnances et déclarations sur le fait de justice et *l'abréviation des procès.*

A sept ans de l'impression subreptice des *Précieuses ridicules,* une réformation sérieuse de la procédure était ordonnée par Louis XIV.

L'ordonnance de 1667 fut la première réforme dans le sens des idées modernes, et le progrès eût été incontestablement plus considérable, si Pussort, le principal auteur de cette ordonnance, n'avait pas eu à lutter contre les défenseurs que les intérêts de la pratique et des magistrats eux-mêmes trouvèrent dans le sein de la Commission. Pussort partait de ce principe vrai et fécond, que l'esprit général de tous les articles de l'ordonnance devait être de faire passer tout à l'audience *comme le canal le plus droit de la justice* [2].

Quoi qu'il en soit de ces efforts, la chicane resta bien embastillée au Palais. A peine quatre ans se sont-ils écoulés depuis la mise à exécution de l'ordonnance, quand Molière fait représenter *les Fourberies de Scapin* [3] et les griffes du monstre,

> .... Vainement par Pussort accourcies,
> Se rallongent déjà toujours d'encre noircies.
> (Boileau, *le Lutrin*, ch. V, vers 57 et 58.)

Qu'on juge de ce rallongement par ce que rapporte Scapin, ce

---

[1] Loyseau, *Des offices*, liv. Ier, chap. v, n. 2.

[2] Voir p. 112 de l'édition de 1724 du procès-verbal de l'ordonnance de 1667.

[3] Elles furent jouées pour la première fois le 24 mai 1671.

fourbe qui fait tant de folies et auquel Molière sait faire dire à
l'occasion les choses les plus sensées. Sans doute, il serait in-
juste de demander à la comédie l'exactitude rigoureuse d'une
dissertation juridique, mais que de verve et que de vérité dans
le tableau qui suit !

Argante s'est prononcé; il ne veut pas consentir à un sacrifice
d'argent; le vieil avare déclare *qu'il aime mieux plaider*. Scapin
en prend thème pour lui dire [1] :

« Eh ! monsieur, de quoi parlez-vous là et à quoi vous ré-
solvez-vous ? Jetez les yeux sur les détours de la justice. Voyez
combien d'appels et de degrés de juridiction; combien d'animaux
ravissants par les griffes desquels il vous faudra passer: sergents,
procureurs, avocats, greffiers, substituts, rapporteurs, juges,
et leurs clercs. Il n'y a pas un de tous ces gens-là qui, pour la
moindre chose, ne soit capable de donner un soufflet au meilleur
droit du monde. Un sergent baillera de faux exploits, sur quoi
vous serez condamné sans que vous le sachiez. Votre procureur
s'entendra avec votre partie et vous vendra à beaux deniers
comptants. Votre avocat, gagné de même, ne se trouvera point
lorsqu'on plaidera votre cause ou dira des raisons qui ne feront que battre la campagne et n'iront point au fait. Le greffier délivrera par contumace des sentences et arrêts contre
vous. Le clerc du rapporteur soustraira des pièces ou le rapporteur même ne dira pas ce qu'il a vu; et quand, par les plus
grandes précautions du monde, vous aurez paré tout cela, vous
serez tout ébahi que vos juges auront été sollicités contre vous
ou par des gens dévots ou par des femmes qu'ils aimeront. Eh !
monsieur, si vous le pouvez, sauvez-vous de cet enfer-là. C'est
être damné dès ce monde que d'avoir à plaider; et la seule pen-
sée d'un procès serait capable de me faire fuir jusqu'aux
Indes.... »

Ce tableau révèle la situation faite alors aux plaideurs et il
annonce un ensemble de corruptions retracé avec vivacité dans
la forme, mais malheureusement vrai au fond.

En première ligne venait la plaie des degrés de juridiction, si
nombreux qu'ils éternisaient les procès. On lit dans Chenu [2] :

---

[1] *Les Fourberies de Scapin*, act. II, sc. VIII.
[2] Chenu, *Des offices*, p. 1182.

« Tant de degrés de juridiction et de juges d'appel rendent les
procès immortels et les provignent en sorte qu'un plaideur a
passé en misère tout son âge et consommé tout son bien, auparavant qu'il puisse obtenir jugement en dernier ressort, *tellement
qu'il lui seroit plus expédient de tout quitter que de plaider.* »

Etait-ce aussi une étrangeté que de parler de la corruption
chez les juges? Non, car les cadeaux jouaient alors leur rôle
dans l'administration de la justice, et en cette partie Molière se
rencontre avec Racine qui en avait parlé avant lui. On connaît
le passage où Dandin dit à Léandre, son fils :

> .... Compare, prix pour prix,
> Les étrennes d'un juge à celles d'un marquis.
>
>   (*Les Plaideurs*, act. I, sc. iv.)

Charondas n'est pas moins sévère que Molière dans ce passage : « Nous voyons la France, laquelle autrefois a été tant
honorée des peuples voisins et étrangers pour la justice qui y
régnait, être aujourd'hui très-mal renommée pour les corruptions qui aveuglent les juges et magistrats : tellement qu'il
semble que les diverses lois et ordonnances qu'on y publie pour
l'administration de la justice et institution de nouveaux officiers
ne sont que nouveaux appâts pour nourrir et affriander les
procès [1]. »

L'institution de nouveaux offices, créés moyennant finance et
ressource extraordinaire d'un gouvernement obéré, a été une
des causes de la dégradation de la magistrature du temps. Selon *les Caquets de l'accouchée*, « les marchands (ou plutôt leurs
fils) ont cet honneur ès-compagnies souveraines, tenant de la
race dont ils viennent, de marchander pour faire justice, et eux
seuls ont été les premiers qui en ont commencé la corruption.
Et de fait, avant que le marchand y entrât, il y avait trop de
gravité : on ne pouvait au temps passé approcher les conseillers,
Saint-Valérien, la Rochetomas, Vignolles, Ruelle, Renard, Feu
et un tas d'autres des Parlements et Chambre des comptes, dont
la race est noble jusques à la quatrième génération [2]. »

---

[1] Voir l'avant-propos des *Réponses du droit françois*, par Charondas Le
Caron, jurisconsulte parisien, Paris, 1586, in-8.

[2] *Les Caquets de l'accouchée*, publiés pour la première fois en 1622, réédi-

La multiplication des offices n'était pas la seule cause de la corruption ; il y en avait une autre tout aussi cardinale dans l'institution des épices.

Le mot d'*épices* vient de ce qu'autrefois celui qui gagnait son procès donnait au juge du sucre, des dragées et des confitures, par pure gratification. Il y avait déjà un inconvénient dans ces gratifications postérieures au procès, c'était d'ôter à l'action du juge son prestige de désintéressement dans l'accomplissement du devoir professionnel ; mais le danger fut tout autre quand on convertit les épices en argent[1] et quand, de don de libéralité, elles devinrent ainsi présent de nécessité. Par cette transformation, elles perdent alors absolument leur caractère de spontanéité ; elles le perdent si bien que, devenant de véritables frais du procès, on les fait tomber sur celui qui a perdu son procès et que, pour mieux en assurer le payement, on exige que celui qui a gagné les avance[2]. Avec ce caractère, les épices deviennent une porte ouverte à toutes les convoitises ; elles décréditent par conséquent l'œuvre magistrale, certains magistrats ayant les tendances de ce bailli dont il est question dans le *Francion* et avec lequel « les épices se montaient à beaucoup, car le bailli aimait les sauces de haut goût[3]. »

Les épices étaient le droit payé aux juges pour avoir vu et jugé les procès par écrit ; pour les procès qui se jugeaient à l'audience, ils n'avaient rien[4].

Pour justifier les épices et pour éloigner des juges tout appétit immodéré, le législateur avait pris soin de leur faire entendre que ces droits ne leur étaient point accordés pour le jugement qu'ils rendaient, mais comme une espèce d'honoraires

tés avec annotations, par M. Edouard Fournier, en 1855 ; voir p. 254 de cette réimpression.

[1] Un ancien praticien, sans nom, cité par Loyseau dans son livre *Des offices*, liv. I, chap. VIII, n. 33, avait prévu l'avenir des épices, et il ne s'était pas mépris sur leur horoscope en disant : « On pense mieux faire de laisser prendre argent aux juges pour les épices, mais ce n'est mie trop bien fait, la justice n'en sera que plus chère. »

[2] *Dictionnaire de droit et de pratique*, par de Ferrière, vº EPICES.

[3] *La vraie histoire comique de Francion*, composée par Charles Sorel, sieur de Souvigny ; la première édition est de 1622 ; voir la nouvelle édition publiée en 1858, par M. Emile Colombey, p. 111.

[4] De Ferrière, verbo citato *Epices*.

pour la peine qu'ils sont obligés de prendre pour examiner les procès. La justification qu'on donnait peut paraître bien subtile et bien chimérique, puisque le jugement rentre dans l'office du juge et que tout jugement exige un préalable examen. D'ailleurs, le temps du juge appartient aux plaideurs, sans distinction de celui qui se passe à l'audience même, ou de celui qui se donne en dehors et à domicile pour l'expédition des affaires.

Comme si ce n'était pas assez des dîmes prélevées sur les procès par les juges, il y avait encore à graisser le marteau chez eux et à jeter quelque pâture à leurs clercs ou secrétaires. Voici ce que nous marque sur cet usage un jurisconsulte du temps : « En plusieurs maisons de messieurs les grands magistrats de France, l'entrée est vénale [1] et faut avec argent acheter de monsieur le clerc, secrétaire ou autre serviteur, la permission de monter en la chambre de monsieur et de parler à lui [2]. »

Comme les juges, et plus qu'eux encore, les procureurs étaient suspects de corruption. En lisant les auteurs du dix-septième siècle, on y retrouve un écho des plaintes de Scapin.

Dans le *Francion*, qui a précédé *les Fourberies* [3], il est question d'un jeune procureur de la nouvelle crue *qui procuroit plutôt pour lui-même que pour autrui* [4]. On lit aussi dans le même livre la très-amusante peinture d'un avocat qui faisait des écritures où il ne mettait que deux mots en une ligne, et qui par suite se montrait très-antipathique à une nouvelle orthographe qui proscrivait le rejet d'une infinité de lettres inutiles. Il était l'ennemi juré de ceux qui veulent que l'on écrive comme l'on parle, et que l'on mette, comme dit l'auteur, *pied* sans un *d*, et *debvoir* sans un *b* [5]. L'auteur termine par le récit d'une habitude de cet avocat : « Or, cet avocat avait cette gentille coutume, que,

---

[1] Racine retrace le même usage dans la maison de son Caton de basse Normandie, mais Petit-Jean ajoute :

Il est vrai qu'à monsieur j'en rendais quelque chose.
(*Les Plaideurs*, acte I, sc. 1.)

[2] OEuvres de Louis Charondas Le Caron, édition de 1637, t. I, p. 165.

[3] Comme nous l'avons dit plus haut dans une note, la première édition du *Francion* est de 1622.

[4] Voir p. 113 de l'édition du *Francion* de 1858.

[5] Même livre et même page.

quand il avait quelque chose à acheter, il acquérait, sur les premiers contredits [1] qu'on lui donnait à faire, tout l'argent qui lui était de besoin; car il songeait auparavant combien il était nécessaire qu'il fît de rôles, et il fallait qu'il les emplît après, quand c'eût été d'une chanson. »

Dans la scène des deux procureurs du *Mercure galant*, dont la première représentation a suivi de quelques années celle des *Fourberies* [2], il semble que Boursault se soit inspiré de la tirade de Molière. Dans cette scène où M⁰ Brigandeau, procureur du Châtelet, et M⁰ Sangsue, procureur du Parlement, sont en délicatesse, on entend le second de ces officiers dire à l'autre :

> Souvent au Châtelet un même procureur
> Est pour le demandeur et pour le défendeur [3] :
> Si quelque autre partie a part à la querelle,
> A la sourdine encore il occupe pour elle.

Quant au Parlement, les choses y allaient de même; Brigandeau dit, en effet :

> Combien au Parlement, et des plus renommés,
> Sont pour les appelants et pour les intimés !

M⁰ Brigandeau termine cette lutte de deux chevaliers ès lois par cette conclusion, à coup sûr fort peu rassurante pour le plaideur tenté de suivre les deux degrés de juridiction :

> On grappille chez nous et l'on pille chez toi [4].

[1] Selon le premier président de Lamoignon, le *contredit* était l'âme du jugement (voir, sur l'article 10 du titre VI de l'ordonnance de 1667, le procès-verbal des conférences). — Il avait, pour les gens de pratique, une grande supériorité sur la requête; la requête alors ne coûtait qu'un écu, tandis que les contredits se comptaient par rôles, dont le nombre était essentiellement variable (Pussort, sur l'article 25 du titre XI de l'ordonnance de 1667, p. 135 du procès-verbal).

[2] *Le Mercure galant, ou la Comédie sans titre,* a été représenté le 5 mars 1683.

[3] Telles étaient, assurent les contemporains, les pratiques du procureur Charles Rolet. — Il était connu au Palais sous le nom de *l'âme damnée,* et quand le premier président de Lamoignon voulait désigner un fripon insigne, il disait : *C'est un Rolet.* — Son fils, officier dans les armées du roi, dut demander à changer de nom; il obtint de s'appeler *Saint-But* (*Dictionnaire de droit et de pratique,* par de Ferrière, v⁰ Nom).

[4] Tous ces fragments se rapportent à la scène VIII de l'acte V du *Mercure galant.*

2

Ce que Molière dit des procureurs dans sa pièce est certifié d'une façon authentique par le procès-verbal des conférences de l'ordonnance civile. Pussort déclare en en parlant : « Qu'il pouvait y avoir des procureurs gens de bien, mais qu'*universellement* on pouvait dire qu'ils étaient la cause de tous les désordres de la justice[1]. » Il dit ailleurs : « Qu'il fallait bien que les droits des procureurs fussent grands, et que l'avantage qu'ils trouvaient dans leur profession devait être fort considérable, puisqu'ils y devenaient fort accommodés en fort peu de temps[2]. »

Après les procureurs venaient leurs clercs, dont le stage, à cette époque où l'on n'enseignait pas la procédure dans les écoles de droit, devait durer dix ans, aux termes de l'Ordonnance et des règlements[3]. Pendant ce long temps de cléricature, les clercs, d'après les règlements, ne pouvaient recevoir de leurs procureurs aucune autre rétribution que celle des assistances qui se donnaient ordinairement aux maîtres clercs sur les dépens que leurs procureurs faisaient taxer dans les affaires par eux gagnées avec dépens. A côté de ces droits licites, il y avait pour le clerc des gratifications qui l'étaient moins[4]; on avait d'ailleurs pour lui des égards, et Chicaneau n'oublie pas plus le clerc que le procureur, quand il dit à son valet, en quittant son logis :

> Prends-moi dans mon clapier trois lapins de garenne,
> Et chez mon procureur porte-les ce matin ;
> Si son clerc vient céans, fais-lui goûter mon vin.
>
> (*Les Plaideurs*, acte I, sc. VI.)

Dans les greffes du temps, que Scapin n'omet pas non plus dans sa nomenclature, les habitudes de rapacité paraissaient être les mêmes que chez les procureurs. Le fabuliste n'est pas seul à nous dire du greffe que

> C'est proprement la caverne au lion.

[1] Voir p. 372 du procès-verbal de l'ordonnance de 1667 (édit. de 1724).
[2] Même ouvrage, p. 376.
[3] *Dictionnaire* de de Ferrière, vº CLERC DE PROCUREUR.
[4] En preuve de ces petites exactions, on lit à propos des clercs, dans le procès-verbal des conférences pour l'examen de l'ordonnance de 1667, sur l'article 10 du titre VI, que « c'étoit sortes de gens dont les abus étoient insupportables. »

Vers le même temps, en effet, Pussort ne soulevait aucune opposition en émettant le sentiment « qu'il n'y avait rien de plus difficile que de tirer l'argent des greffes [1]. »

Au bas de l'échelle judiciaire se trouvaient les sergents, que Scapin nous représente comme gens capables de bailler *de faux exploits*. Les officiers s'appelaient *sergents* dans les justices subalternes et *huissiers* dans les Cours supérieures. Leur métier, celui des sergents surtout, moins protégés par la puissance de leur compagnie, était des plus pénibles ; c'étaient des hommes de lutte autant que de plume. Aussi ne les recrutait-on guère parmi les lettrés. C'est même l'ordonnance de 1667 qui exigea impérativement pour la première fois qu'ils sussent écrire et qui attacha une sanction sérieuse à cette prescription [2] : « Injonction de se démettre de leur office dans les trois mois est faite à ceux qui ne le savent pas. »

Le dernier passage de la partie de la tirade de Scapin, que nous avons citée, est relatif aux sollicitations près des juges *ou par des gens dévots, ou par des femmes qu'ils aimeront*.

A l'égard des sollicitations par les gens dévots, nous voyons dans le *Praticien françois* de Lange qu'elles s'étendaient même aux matières criminelles [3]. Il y dit, et la recommandation est

---

[1] Sur l'article 19 du titre X de l'ordonnance de 1667. — Il répète ailleurs qu'à bien examiner ce qui se faisait dans Paris l'on verrait de grandes exactions qui se commettaient dans les greffes (sur les articles 13 et 14 du titre XXVII de l'ordonnance de 1667). — Un demi-siècle auparavant, Chenu (*Des offices de France*, p. 855) avait dit : « Aux plaideurs sortant des greffes ne reste un liard le plus souvent. »

[2] Art. 14 du titre II de l'ordonnance de 1667. « Anciennement, dit Loyseau (*Des offices*, liv. I, chap. IV, n° 36), ils faisoient verbalement devant le juge le rapport et la relation de leurs *exploits*, ainsi appelés pour cette cause et non pas actes, parce qu'ils consistoient en fait et non en écritures. »—Une ordonnance de Charles VIII, de 1485, exigeait bien qu'ils sussent écrire, mais on n'y avait pas tenu la main ; ce qui le prouve, c'est qu'une ordonnance postérieure, en date de 1653, se bornait à exiger le dépôt de leur seing manuel et paraphe dans le registre du greffier pour y avoir recours.

[3] *Le Praticien françois* est le livre dont Chicaneau promet de faire l'acquisition pour sa fille :

> Va, je l'achèterai *le Praticien françois.*
> (*Les Plaideurs*, acte II, sc. III.)

Le livre a eu, jusqu'en 1789, plusieurs éditions.

fort sage, car tout le succès d'une information peut en dépen-
dre, qu'avant l'interrogatoire des prisonniers détenus pour crimes, « les geôliers ne doivent pas laisser approcher certains
prêtres intrigants qui s'érigent en conseils de tous les accusés et
empêchent que l'on ne puisse reconnoître la vérité par la correspondance qu'ils entretiennent entre les accusés [1]. »

Les sollicitations étaient si bien de mise qu'il y avait alors
en titre des *solliciteurs de procès* [2], sorte d'agents d'affaires se
targuant volontiers d'un crédit qu'ils n'avaient pas et de con-
naissances pratiques qui leur manquaient également.

Molière complète ailleurs ce qu'il dit ici des sollicitations.
Dans *le Misanthrope*, Philinte, qui sait son monde, ne manque
pas d'objecter en ami à Alceste :

> Mais qui voulez-vous donc qui pour vous sollicite ?
>
> (Acte I, sc. i.)

A l'acte II, sc. i, de la même pièce, Célimène dit à Alceste, à propos de Clitandre, l'homme à l'ongle *long du petit
doigt,* qui a entrée jusque chez le roi :

> Qu'injustement de lui vous prenez de l'ombrage !
> Ne savez-vous pas bien pourquoi je le ménage ;
> Et que dans mon procès, ainsi qu'il m'a promis,
> Il peut intéresser tout ce qu'il a d'amis ?

Enfin, dans *la Comtesse d'Escarbagnas* [3], il est question d'un
magistrat qui annonce lui-même qu'il est tout prêt à faire état
d'une sollicitation au-devant de laquelle il va.

Molière passe, dans la seconde partie de la tirade, des officiers
de justice aux actes de la procédure, et l'exposé très-exact qu'il
fait de la procédure d'alors rend tangible cette vérité, que, mal-

---

[1] *Le Praticien françois*, partie *Des matières criminelles*, p. 153 de la cin-
quième édition, publiée en 1692.

[2] Ravaillac en était un de son temps. On voit dans son interrogatoire du
17 mai 1610, à la demande : « A quoi il a employé sa jeunesse et s'est
adonné, » cette réponse : « Il a dit qu'il étoit employé à solliciter des
procès en la Cour. » (Voir p. 30 du *Procès du très - méchant et détestable
parricide Ravaillac*, publié en 1858 chez Auguste Aubry.)

[3] Scène XIII.

gré la réforme de 1667, il fallait encore bien de l'argent pour plaider. Ecoutons Scapin en disserter doctement :

Mais pour plaider il vous faudra de l'argent. Il vous en faudra pour l'exploit; il vous en faudra pour le contrôle ; il vous en faudra pour la procuration, pour la présentation, les conseils, productions et journées du procureur. Il vous en faudra pour les consultations et plaidoiries des avocats, pour le droit de retirer le sac et pour les grosses d'écritures ; il vous en faudra pour le rapport des substituts, pour les épices de conclusion, pour l'enregistrement du greffier, façon d'appointement, sentences et arrêts, contrôles, signatures et expéditions de leurs clercs, sans parler de tous les présents qu'il vous faudra faire.

Il n'y a rien d'omis dans ce tableau des actes de la procédure, et il semble qu'il ait été tracé par un vieux juge ou par un procureur à chevrons. Nous ferons remarquer seulement qu'à l'époque où Molière écrivait sa pièce, la présentation, dont il fait état dans sa nomenclature, avait été abrogée par l'ordonnance de 1667 ; mais cette suppression dura peu, car les frais de présentation furent rétablis par un édit en date du mois d'avril 1695.

On pourrait s'étonner de ne pas voir figurer les droits de timbre dans la luxuriante récapitulation des frais de justice donnée par Scapin ; mais cette omission s'explique historiquement. Le papier et le parchemin timbrés n'existaient pas encore; ce n'est qu'en 1673 qu'ils furent établis en France et qu'ils devinrent une nouvelle aggravation pour les plaideurs [1].

Quoi qu'il en soit, le vieil Argante, même sans l'annexe du timbre, en entend réellement assez pour être détourné de s'embarquer dans un procès où le *væ victis* peut s'appliquer trop souvent aux vainqueurs eux-mêmes.

Deux autres passages de Molière doivent être relatés ici, parce qu'ils complètent la série des tribulations que peut attendre le plaideur.

L'un est relatif à l'illisibilité des copies de procédure. Dans *le Misanthrope*, Dubois dit à Alceste, son maître :

Monsieur, un homme noir et d'habit et de mine
Est venu nous laisser, jusque dans la cuisine,
Un papier griffonné d'une telle façon
Qu'il faudrait pour le lire être pis qu'un démon.
     (Acte IV, sc. IV.)

[1] Voir la *Philosophie de la procédure civile*, par M. Raymond Bordeaux, p. 68.

Ce passage remet tout naturellement en mémoire le procédé dont usa Auguste vis-à-vis des livres des sibylles ; il les fit transcrire avec des abréviations pour en ôter au peuple la connaissance. Dans les copies de pièces, les abréviations venaient trop souvent s'adjoindre aux illisibilités de l'écriture. La confirmation de la plainte de Molière se trouve dans la bouche du premier président de Lamoignon ; il disait que tous les jours il y avait des plaintes sur le peu de lisibilité des copies [1].

L'autre passage est relatif au style juridique. Dans *les Femmes savantes*, Philaminte interpelle à ce sujet le notaire :

> Ne sauriez-vous quitter votre style sauvage
> Et nous faire un contrat qui soit en beau langage ?
>
> (Acte V, sc. III.)

Avant elle, Montaigne s'était fait l'écho de la même plainte en écrivant : « Pourquoi est-ce que notre langage commun, si aisé à tout autre usage, devient obscur et inintelligible en contrats et testaments [2] ? »

Il paraît que l'empire de la routine est bien fort, car sous ce rapport la réforme n'est pas complète, et aujourd'hui encore, dans le style de l'audience, Philaminte aurait à reprendre bien des choses, qui non-seulement ne sont pas *en beau langage*, mais qui, ce qui est pis, sont souvent inintelligibles. Jousse nous donne une formule dont la légende est : *Arrêt qui infirme une sentence, mais non dans tous ses chefs.* Cette formule est ainsi conçue : « La Cour a mis et met l'*appellation* et *sentence* de laquelle il a été appelé au néant, en ce que par icelle il a été ordonné que..., émendant, quant à ce, pour les cas résultants du procès, condamne ledit B... à..., la sentence au résidu sortissant effet [3]. »

Voilà où on en était cent ans après la critique de Molière sur la *sauvagerie* du style de la pratique, et voilà où l'on en est même encore aujourd'hui. A part la mention, *pour les cas résultants du procès*, qui a disparu de nos prétoires par suite de l'o-

---

[1] Voir le procès-verbal de l'ordonnance de 1667, p. 14 de l'édition citée *suprà.*

[2] *Essais*, liv. III, chap. XIII.

[3] Jousse, *Justice criminelle*, t. IV, p. 689.

bligation imposée aux juges de tous les degrés de motiver leurs jugements, il ne serait pas difficile de trouver le reste de cette formule surannée dans plusieurs de nos arrêts modernes.

Comme le dit, avec cet esprit de critique modérée qui le distingue, M. le conseiller Berriat Saint-Prix, à propos de décisions judiciaires contemporaines :

« Qu'est-ce qu'une *appellation mise au néant*, lorsque le juge supérieur fait droit aux prétentions de l'appelant ?

« Et une Cour qui *émende...*

« Et la sentence *au résidu sortissant effet*[1] ? »

Un plaideur qui avait entendu un arrêt le concernant, rendu à peu près dans ces termes, m'avouait qu'il ne savait pas s'il avait perdu ou gagné son procès en appel.

En lisant de pareilles vieilleries, on peut se prendre à regretter qu'il n'y ait pas dans nos Codes modernes un article semblable à celui qui se trouvait former l'article 10 du texte originaire[2] du titre XXVI de l'ordonnance de 1667, et qui était ainsi conçu : « Tous juges seront tenus de concevoir en termes clairs et intelligibles, et sans aucune ambiguïté ou incertitude, les arrêts, jugements et sentences, tant aux audiences que par écrit. » Serait-il donc impossible de consacrer pour la langue du droit la règle préconisée par Rivarol pour la langue du monde, en convenant une bonne fois, pour l'une comme pour l'autre, que ce qui n'est pas clair n'est pas français ? Pourquoi ne pas parler, autant que possible, à l'audience, la langue de l'Académie, qui n'a pas l'infaillibilité, mais qui a mission officielle de remplir, pour les choses du langage, à peu près le même office que la Cour de cassation pour les matières de la jurisprudence ?

III

Le droit criminel tient naturellement moins de place que le droit civil dans le théâtre de Molière, qui, selon l'expression de Mercier, ne s'est jamais élevé jusqu'au drame[3] ; il en est cependant

---

[1] M. Ch. Berriat Saint-Prix, *Tribunaux correctionnels*, t. II, p. 537.

[2] Lors des conférences il a été dit que ce n'était qu'une exhortation aux juges, et, sur cette réflexion, l'article a été supprimé.

[3] Mercier dut être satisfait, car il fut surnommé le *dramaturge* par ses

question dans quelques-unes de ses pièces. Il y a même à remarquer avec quel art exquis Molière, quand il est amené à
en parler, sait le faire sans jamais promener l'attention de
l'auditeur sur des objets qui puissent lui laisser une impression
de tristesse.

Assurément, il n'y a rien de plus effroyable en soi que l'usage
de la question pour arracher la confession de l'accusé. Quoi de
plus vrai et de plus comique cependant que la façon dont Molière nous parle, dans *l'Avare*, de ce mode d'information criminelle ? Après la perte de sa cassette, Harpagon appelant au
voleur s'écrie : « Je veux aller quérir la justice et faire donner
la question à toute ma maison, à servantes, à valets, à fils et à
fille et à moi aussi [1]. » Quelle *vis comica* dans le « à moi aussi. »
L'auteur nous fait rire aux dépens d'une chose affreuse, la torture, que les ordonnances [2] appellent la *question* par un
euphémisme de langage. Pourquoi le rire du spectateur est-il
si franc, si naturel et si fort sans arrière-pensée? C'est parce
qu'ici tout le comique est dans la situation. Nous ne voyons que
l'avare; nous ne songeons pas à l'illégitimité du mode de procédure dont il réclame l'emploi.

La question dont il s'agit ici est la question *préparatoire ;* elle
ne fut abolie qu'un peu avant 1789, au grand déplaisir d'un
grand nombre de praticiens.

L'autre question, la question *préalable* se donnait à l'heure
de l'exécution capitale, à l'effet de connaître les complices du
condamné. Cette seconde question eut la vie plus dure que la
première. Elle fut conservée jusqu'en 1789, c'est-à-dire jusqu'au moment où on comprit que la mort ne pouvait être que la
privation de la vie, avec la moindre somme de douleurs possible. Il est fait mention de la question préalable dans *le Dépit
amoureux*, à propos du petit Gille, un ami de Mascarille et de

contemporains (voir t. **VII**, p. 128, du *Cours de littérature* de La Harpe;
1824, édition de Verdière).

[1] Acte IV, sc. VII.

[2] L'ordonnance de 1670 n'emploie que le mot *question*; mais dans l'ordonnance de 1539 les deux mots sont mis sur la même ligne. Ainsi on lit,
à l'article 163 : « Si, par la visitation des procès, la matière est trouvée
sujette à torture ou question extraordinaire, nous voulons incontinent la
sentence de ladite *torture* être prononcée au prisonnier. »

La Rapière, qui, tous deux, pouvaient avoir quelque chose à
craindre dans ses révélations. Il n'en fit pas du reste ; aussi La
Rapière dit-il de lui, en forme d'oraison funèbre :

> Il mourut en César, et, lui cassant les os,
> Le bourreau ne lui put faire lâcher deux mots.
>
> (Acte V, sc. III.)

Scapin, dans *les Fourberies*, ne nous parle qu'en passant de la
justice criminelle ; il paraît lui garder rancune : « Ma foi, le mé-
rite est trop maltraité aujourd'hui et j'ai renoncé à toutes choses
depuis certain chagrin d'une affaire qui m'arriva. » — Et
comme Octave lui demande de quelle affaire il s'agit, Scapin
reprend : « Une aventure où je me brouillai avec la justice….
Elle en usa fort mal avec moi ; et je me dépitai de telle sorte
contre l'ingratitude du siècle que je résolus de ne plus rien
faire [1]. »

La comédie de *Pourceaugnac* est celle des pièces de Molière
où il est le plus question de droit pénal. On y fait un cours de
procédure criminelle avec M. de Pourceaugnac, beaucoup plus
du métier qu'il ne veut le paraître. Je gagerais volontiers qu'il
sait par cœur l'ordonnance de Villers-Cotterets du chancelier
Poyet, alors encore vigueur dans toute sa rudesse, puisque
la pièce de *Pourceaugnac* a été jouée antérieurement à la réformation de 1670.

A Sbrigani qui lui dit : « Voilà une méchante affaire [2] et la
justice en ce pays-ci est rigoureuse en diable contre cette sorte
de crime, » Pourceaugnac répond : « Oui ; mais quand il y aurait information, ajournement, décret et jugement obtenu par
surprise, défaut et contumace, j'ai la voie de conflit de juridiction pour temporiser et venir aux moyens de nullité qui seront
dans les procédures. » Et comme Sbrigani, ébahi de cette érudition, objecte à Pourceaugnac que, pour parler ainsi, il faut bien
qu'il ait étudié la pratique, celui-ci répond : « Point. Ce n'est
que le sens commun qui me fait juger que je serai toujours reçu

---

[1] *Les Fourberies de Scapin,* acte I, sc. II.

[2] Il s'agit, on le sait, *des deux baragouineuses,* selon l'expression de
Pourceaugnac lui-même, qui sont venues l'accuser de les avoir épousées
toutes les deux, et qui le menacent de la justice.

à mes faits justificatifs et qu'on ne saurait condamner sur une simple accusation sans un récolement et confrontation avec mes parties [1]. »

Dans ce passage, Molière nous parle avec une exactitude rigoureuse des principaux procédés et des nombreuses lenteurs de la procédure criminelle en vigueur de son temps.

A cette époque, où la défense orale était interdite dans tous les cas et où les témoins n'étaient jamais entendus à l'audience, l'information était l'âme du procès.

L'ajournement, dont il est fait aussi état dans la même scène, était une des trois variétés du décret qui se divisait en décret d'assigné pour être ouï, décret d'ajournement personnel et décret de prise de corps [2]. Les deux premiers décrets avaient cet effet commun, qu'ils maintenaient l'inculpé en état de liberté, à l'inverse du décret de prise de corps qui était privatif de la liberté.—Comme l'écrit Denizart : « Le plus simple et le moindre des décrets est le décret d'assigné pour être ouï. On ne saurait en prononcer de plus léger..... Il n'emporte aucune note contre le décrété qui, nonobstant la signification qui lui en est faite, s'il est officier ou ecclésiastique, peut toujours remplir ses fonctions [3]. » Il en était autrement quand il avait été décerné soit un décret d'ajournement personnel, soit un décret de prise de corps.

Les mots *défaut* et *contumace*, que cite Pourceaugnac, étaient synonymes, et au temps où parle Molière ils s'employaient indifféremment l'un pour l'autre, même en matière criminelle. Aujourd'hui, la contumace est le défaut du grand criminel, mais alors la distinction n'existait pas. On se servait même quelquefois du terme de *contumace* en matière civile pour signifier *défaut*. Les frais qui avaient été faits pour faire payer un défaut

---

[1] Ces diverses citations se trouvent à la scène XII de l'acte II.

[2] On ne connaissait originairement que les décrets de prise de corps et d'ajournement personnel. Il n'est pas question de l'assigné pour être ouï dans les écrits des criminalistes du seizième siècle (voir notamment les ouvrages d'Ayrault et d'Imbert). — On lit, au contraire, dans l'article 2, tit. X, de l'ordonnance de 1670 : « Selon la qualité des crimes, des preuves et des personnes, sera ordonné que la partie sera assignée pour être ouïe, ajournée à comparoir en personne, ou prise au corps. »

[3] Denizart, *Collection alphabétique*, v° DÉCRETS EN MATIÈRE CRIMINELLE.

faute de comparoir ou de défendre étaient appelés *frais de contumace*[1].

Le conflit de juridiction était une contestation de compétence
entre officiers de diverses juridictions qui prétendaient que la
connaissance d'une affaire leur appartenait[2].

Les faits justificatifs étaient les défensés ou exceptions pro-
pres à établir que l'accusé n'était pas auteur du crime qu'on lui
imputait. Comme tout ce qui venait à décharge était mis sur le
second plan d'après l'ensemble de la procédure du temps, on
n'examinait, par une singulière pratique, les faits justificatifs qu'à
la fin du procès. Cet examen se faisait aux frais de l'accusé solvable, parce qu'on tenait pour maxime que la partie civile ou
publique n'avaient pas, l'une et l'autre, de dépenses à faire pour
l'établissement de l'innocence.

Le récolement, sans lequel Pourceaugnac annonce qu'on ne
saurait le condamner, provenait d'une pratique vicieuse, de
l'audition première des témoins par un autre que par le juge[3],
intermédiaire sans caractère d'officier de judicature et inspirant
moins de confiance qu'un magistrat.

Au surplus, à cette époque où il semblait qu'on cherchât à
éterniser les procès, le récolement avait lieu même quand le
juge avait, par exception, entendu lui-même les témoins. Dans
ce dernier cas, il ne constituait, à vrai dire, qu'une complication
inutile.

La confrontation, que Pourceaugnac met après le récolement,
c'est-à-dire à son rang, était la représentation du témoin à l'accusé ; elle suivait ordinairement le récolement et constituait par
conséquent la troisième édition du témoignage. Le témoin, qui,
selon l'expression des auteurs, était appelé *testis alligatus*, après
le récolement, ne devait pas modifier sa déclaration lors
de la confrontation ; autrement, il aurait dérangé toute la symé-
trie du procès et aurait pu par là s'attirer soit une condamnation,
soit une application à la question.

On comprend maintenant que, si Sbrigani va un peu loin en disant que les juges *ne s'enquêtent point de savoir si on est innocent*[4],

----

[1] *Dictionnaire de droit et de pratique*, par de Ferrière, vᵒ CONTUMACE.
[2] Même ouvrage, vᵒ CONFLIT DE JURIDICTION.
[3] OEuvres de Charondas, édition de 1637, t. I, p. 710.
[4] *Pourceaugnac*, acte III, sc. II.

il n'en est pas moins vrai que l'innocence avait grande peine à se manifester avec une pareille procédure.

L'adage des deux avocats, qui chantent à Pourceaugnac que « la polygamie est un cas pendable [1], » était exact dans le droit d'alors. On cite un arrêt de Rennes de 1567 qui condamne, pour avoir épousé deux femmes, un procureur de Rennes à être pendu [2]. La même mésaventure pouvait donc arriver à l'avocat de Limoges. Ce n'est que plus tard qu'on commença à se relâcher de cette rigueur. On se contenta alors de mettre les polygames au carcan avec des quenouilles au bras, puis on les envoyait aux galères ou on les bannissait [3].

Sbrigani dit en parlant à Pourceaugnac : « Je ne me consolerais de ma vie si vous veniez à être pendu. » Pourceaugnac, qui se ferait encore à une condamnation capitale, ne veut pas absolument d'une pendaison. Il réplique : « Ce n'est pas tant la peur de la mort qui me fait fuir que de ce qu'il est fâcheux à un gentilhomme d'être pendu, et qu'une preuve comme celle-là ferait tort à nos titres de noblesse [4]. »

Aujourd'hui, il y a égalité dans le supplice, mais il n'en est ainsi que depuis 1789. Jusque-là, le supplice se différenciait selon le rang des personnes.

Pourceaugnac, en sa qualité de gentilhomme, avait droit à la revendication de plusieurs priviléges. D'abord, les nobles ne pouvaient être poursuivis criminellement en première instance que par-devant les baillis et sénéchaux à l'exclusion des autres juges inférieurs [5], ou par-devant les juges des seigneurs hauts-justiciers quand ils étaient demeurants dans l'étendue de leur justice. —

---

[1] Même pièce, acte II, au divertissement qui suit la sc. XII.

[2] On lit, à la page 17 de l'ouvrage publié en 1619, par Lebrun de La Rochette, sous ce titre : *le Procès criminel* : « Nos parlements et toutes les justices royales de ce royaume punissent de mort le bigame qui a épousé deux femmes vivantes, pour l'adultère qui résulte de ce second mariage... et de ce y a plusieurs arrêts. »

[3] Lors de l'exposition, on attachait aux bras des hommes en état de polygamie autant de quenouilles qu'ils avaient de femmes vivantes (voir le *Code pénal*, de L'Averdy, p. 73 et 247).

[4] Acte III, sc. II.

[5] Ils étaient ainsi notamment à l'abri de la justice expéditive du prévôt des maréchaux (voir le *Code des seigneurs hauts-justiciers et féodaux*, par M⁰ ***, avocat en Parlement ; Paris, 1761, chap. I, n. 5).

Sur l'appel, en matière criminelle, ils avaient le privilége de pouvoir être jugés en la grande Chambre du Parlement, les Chambres assemblées, s'ils le requéraient [1].

Comme second privilége, lorsqu'on l'aurait conduit au supplice, Pourceaugnac n'y aurait pas été mené soit à pied, soit en charrette, comme un criminel vulgaire; il aurait eu une voiture et peut-être même un carrosse. On rapporte que le connétable de Luxembourg eut l'insigne faveur d'y être conduit sur une mule [2].

Pourceaugnac ne pouvait pas non plus être pendu sans faire tort à ses quartiers de noblesse, et c'est avec raison que Sbrigani lui fait observer que, si on le pendait, « on lui contesterait après cela le titre d'écuyer. » Ce qu'il fallait à Pourceaugnac, pour qu'il eût satisfaction, c'était donc la décapitation, *le supplice des nobles*, comme l'appelle Charondas [3].

On opposait la décapitation à la peine du gibet, considérée comme ignominieuse. C'est au gibet que le condamné roturier était pendu et étranglé [4].

Les femmes, sans distinction à l'origine entre les nobles et les non nobles, paraissent n'avoir été soumises que plus tard que les hommes à la pendaison. On voit, par la Chronique de Jean Chartier, que ce fut pour la première fois sous Charles VII, le 18 avril 1449, qu'on vit pendre et étrangler dans le royaume *une femme coquine* [5].

La capitulation avec l'exempt, qui suit à quelques scènes [6] celle où l'amour-propre de gentilhomme de Pourceaugnac s'élève contre l'ignominie de la potence, nous retrace les pratiques de certains suppôts de la justice criminelle d'alors.

A propos des sergents et des notaires chargés de faire les infor-

---

[1] Art. 21, tit. I, de l'ordonnance de 1670.

[2] Jousse, *Traité de la justice criminelle*, part. III, liv. II, tit. XXV.

[3] « Le premier supplice est celui du glaive, par lequel sont décapités les criminels condamnés, et on l'appelle le supplice des nobles. » (Charondas, chap. *De la diversité des peines*, t. I, p. 738.)

[4] Loyseau nous apprend qu'un gentilhomme n'était jamais condamné non plus à la peine du fouet (Loyseau, *Traité des ordres et simples dignités*, n. 84).

[5] *Chronique de Charles VII*, par Jean Chartier. — Voir p. 67 et 68 du tome II de l'édition publiée en 1858 par M. Vallet de Viriville.

[6] *Pourceaugnac*, acte III, sc. VI.

mations, Imbert, dans sa *Pratique judiciaire* [1], nous dit : « qu'il n'y a si homme de bien qui ne soit mis en peine et en danger par ces sergents et notaires. Voire en y a de si méchants qui demanderont à celui qui fait faire l'information s'il veut avoir prise de corps ou ajournement personnel : et font l'information grasse ou maigre selon le désir de la partie, non pas selon que les témoins véritablement disent.

L'exempt de la comédie de *Pourceaugnac* est homme à faire aussi, selon les cas, l'information *grasse ou maigre ;* l'offre trop modeste de dix pistoles lui fait trouver son ordre d'arrestation trop formel, mais en doublant la dose on peut l'amener à composition. Sbrigani l'a d'ailleurs représenté un peu plus haut comme *un homme d'accommodement.*

Dans deux autres pièces de Molière, il est question du décret.

Dans *le Mariage forcé*, Marphurius, qui a reçu des coups de bâton de Sganarelle, lui dit : « J'aurai un décret contre toi [2]. » Il s'agit évidemment ici d'un décret de prise de corps : quand on se servait du mot *décret* sans addition d'aucune sorte, c'était toujours, dans l'usage, de cette nature de décret qu'il s'agissait. Cette mesure n'a rien d'exagéré, au surplus, vis-à-vis d'un malotru qui a commis un crime de lèse-philosophie en battant un pyrrhonien que les coups de bâton font revenir tout d'un coup à la réalité des choses. Il fallait, d'ailleurs, faire cesser immédiatement le scandale, et pour cela ce n'était pas trop du recours au décret le plus terrifiant.

C'est aussi d'un décret que dans *Tartuffe* M. Loyal va menacer Dorine, cette suivante

> Un peu trop forte en gueule et fort impertinente [3].

Elle s'était oubliée jusqu'à dire :

> Avec un si bon dos, ma foi, monsieur Loyal,
> Quelques coups de bâton ne vous siéraient pas mal.

---

[1] Liv. III, chap. XIII, n. 13.
[2] Sc. VIII.
[3] C'est ainsi que la qualifie Mᵐᵉ Pernelle au début de la pièce (acte I, sc. I).

A cette invective, l'huissier du *bon monsieur Tartuffe* répond :

> On pourrait bien punir ces paroles infâmes,
> Ma mie, et l'on décrète aussi contre les femmes.
>
> (Acte V, sc. IV.)

Mais ce n'est plus, cette fois, d'une prise de corps qu'il est question, malgré l'usage ordinaire du mot : sur le procès-verbal d'un simple sergent, il ne pouvait y avoir privation immédiate de la liberté. L'article 4 de l'ordonnance de Charles IX, faite à Amboise en janvier 1572, portait en effet : « Voulons que, sur le rapport *signé* [1] des sergents ou huissiers exécuteurs de justice, certifiés de records, sans attendre autres informations, nos juges ès cas de résistance par voie de fait puissent décréter ajournement personnel : sauf, après avoir informé, procéder par décret de prise de corps, ainsi qu'ils verront être à faire. »

Un principe du droit criminel du temps se trouve rappelé ailleurs. Dans la comédie de Sganarelle, celui-ci dit :

> Puisqu'on tient à bon droit tout crime personnel.
>
> (Sc. XVII.)

Le principe rappelé sous cette forme est exact, au moins dans la presque unanimité des cas, mais il n'était pas appliqué au crime de lèse-majesté [2]. Dans le procès de Jean Châtel on a ordonné que ses parents, quoique innocents, assisteraient à l'exécution de leur fils [3]. A quelques années de là, l'arrêt qui condamne Ravaillac ordonne à ses père et mère de, dans les quinze jours, vider le royaume et leur défend d'y rentrer sous peine d'être pendus et étranglés. Le même arrêt ordonne que

---

[1] Nous savons que ce n'est que sous Louis XIV qu'on a positivement exigé que les sergents sussent écrire autre chose que leur nom (voir *suprà*, au paragraphe 2).

[2] On lit dans *le nouveau Praticien françois*, par Lange, 5ᵉ édition (1692), p. 23 de la partie *Des matières criminelles :* « Aux autres crimes la punition se termine en la personne des coupables ; ici, elle passe aux enfants, bien qu'ils soient innocents, non pas pour être punis de mort, mais de bannissement hors du royaume. »

[3] Voir le réquisitoire dont l'arrêt du 19 décembre 1594 ne fut que la copie. On lit dans ce réquisitoire : « Je requiers... que Pierre Chastel et Denise Hazard, sa femme, père et mère dudit Jean Chastel, assisteront à sa mort. »

la maison du coupable sera démolie, celui auquel elle appartient préalablement indemnisé, et il prononce l'anéantissement du nom du condamné [1]. — Même disposition, à cent cinquante ans en avant, dans l'arrêt du Parlement qui condamne Damiens, sauf en ce qui concerne la suppression du nom. On ne pouvait l'obtenir, en effet, puisque le nom figure au martyrologe et qu'il est, chaque jour, prononcé à l'office de la messe [2]. — Enfin, on peut citer encore, comme résultat de la personnalité non absolue du crime, la privation de noblesse en cas de crime de lèse-majesté, non-seulement pour celui qui en était convaincu, mais encore pour ses enfants. Au contraire, les autres crimes, même suivis de condamnations infamantes, ne privaient de la noblesse que le condamné [3].

Ce que Molière nous retrace du droit criminel de son temps établit qu'à propos de nos lois répressives on ne pouvait pas dire ce que Tite-Live rapportait des lois des Romains : *Gloriari liceat nulli unquam civitati aut populo mitiores placuisse leges.* Sbrigani n'a donc rien avancé de trop quand il a parlé de la rudesse de la justice *de son pays* [4]. A quelques mois de là, il trouvait un écho autorisé en la personne du premier président de Lamoignon, qui, lors des conférences pour l'examen de la réformation de la procédure criminelle, n'hésitait pas à dire lui-même que, « si on voulait comparer notre procédure criminelle à celle des Romains et des autres peuples, on trouverait qu'il n'y en avait point de si rigoureuse que celle qu'on observe en France depuis l'ordonnance de 1539 [5]. » Le fourbe Sbrigani est donc absous de toute exagération dans son dire, de par l'autorité désintéressée d'un très-grave magistrat.

---

[1] « A fait et fait défenses à ses frères, sœurs, oncle *et autres*, porter ci-après le nom de Ravaillac, leur enjoint le changer en autre sur les mêmes peines, c'est-à-dire sous peine *d'être pendus et étranglés sans autre forme ni figure de procès.* » Voir p. 79 du *Procès de Ravaillac*, publié en 1858 chez Aug. Aubry.

[2] Voir l'arrêt du Parlement de Paris, du 26 mars 1757.

[3] *Dictionnaire* de de Ferrière, v° NOBLESSE.

[4] On sait que la scène est à Paris. — Sbrigani dit : « La justice est sévère comme tous les diables. » (*Pourceaugnac*, acte III, sc. II.)

[5] Voir le procès-verbal de l'examen des articles de l'ordonnance criminelle du mois d'août 1670, sur l'article 8 du titre XIV.

IV

Parmi les hommes de justice, le notaire est celui qui revient le plus souvent en scène dans le théâtre de Molière : il y figure quatre fois. Il est même question du notaire dans *le Bourgeois gentilhomme*[1] ; mais, cette fois, on ne le voit pas en scène.

En suivant l'ordre chronologique des représentations, *l'Ecole des maris* est la première pièce où Molière fasse intervenir un notaire. Le notaire n'y dit qu'un mot, pour annoncer qu'il est *notaire royal.* C'était un titre dont il pouvait être fier. A cette époque, en effet, le notaire royal se distinguait des autres notaires, qu'on appelait *notaires des seigneurs.* Outre la différence du titre, ces deux ordres de fonctionnaires n'avaient pas des pouvoirs tout à fait identiques : les contrats passés par les notaires des seigneurs n'avaient pas force exécutoire dans un rayon aussi étendu que les contrats passés par les notaires royaux[2]. Le notaire royal de *l'Ecole des maris* est annoncé comme homme d'honneur par celui qui l'amène ; à quoi repart assez plaisamment Sganarelle :

> .... Cela s'en va sans dire[3].

Le notaire tient une plus grande place dans *l'Ecole des femmes.* Ce notaire est un bavard qui fatigue Arnolphe, qui l'a fait appeler pour son mariage, mais qui, toujours inquiet et préoccupé, n'est guère disposé à le suivre dans le complaisant étalage de sa vaste érudition.

Le notaire commence par cette règle de pratique :

> Il ne vous faudra point, de peur d'être déçu,
> Quittancer le contrat que vous n'ayez reçu.
> (Acte IV, sc. II.)

---

[1] Acte V, sc. VII.

[2] De Ferrière, *opere citato,* vis NOTAIRES ROYAUX et NOTAIRES DES SEIGNEURS.

[3] Voir la scène V de l'acte III. — Boursault dira plus tard :

> Il n'est rien de plus beau qu'un notaire honnête homme.

Voir sa comédie d'*Esope à la ville*, acte IV, sc. III.

3

Puis, il disserte fort longuement, mais fort doctement, du reste, sur *le* dot[1] et sur le douaire.

> Le douaire se règle au bien qu'on vous apporte.
> . . . .
> L'ordre est que le futur doit douer la future
> Du tiers du dot qu'elle a ; mais cet ordre n'est rien,
> Et l'on va plus avant lorsque l'on le veut bien.

Il entre ensuite dans le détail des douaires, *préfix* ou *coutumier*, en parlant des facilités que la coutume de Paris donne pour l'augmentation du douaire. Selon la coutume de Paris, les parties avaient la faculté de stipuler tel douaire que bon leur semblait, pourvu qu'il ne pût être augmenté ni diminué pendant le mariage, par quelque occasion que ce fût. D'autres coutumes, comme celle de Tours, défendaient expressément de stipuler un douaire qui excédât le douaire coutumier. On sait que la scène se passe à Paris ; c'est donc avec une parfaite exactitude que le notaire dit, à propos des dispositions à faire par le futur au profit de la future :

> . . . . Il peut l'avantager
> Lorsqu'il l'aime beaucoup et qu'il veut l'obliger ;
> Et cela par douaire ou *préfix* qu'on appelle,
> Qui demeure perdu par le trépas d'icelle ;
> Ou sans retour qui va de ladite à ses hoirs ;
> Ou *coutumier* selon les différents vouloirs ;
> Ou par donation dans le contrat formelle,
> Qu'on fait ou pure ou simple, ou qu'on fait mutuelle[2].

Le notaire n'est pas moins exact dans ce qu'il dit de la communauté de biens entre époux :

> . . . . Etant joints, on est par la coutume
> Communs en meubles, biens immeubles et conquêts,
> A moins que par un acte on y renonce exprès[3].

---

[1] Charondas, qui écrit avant Molière, met toujours le mot *dot* au masculin : « Le douaire peut avoir lieu encore que la femme n'ait apporté *aucun dot*. » (Edition de 1637, t. I, p. 188.) — *L'Ecole des femmes* est de 1662, et c'est à peine si, à ce moment, le mot *dot* était fixé au féminin. Un archaïsme n'aurait rien d'étrange dans la langue de la pratique ; mais la chose s'explique tout naturellement par l'histoire du genre dans notre langue.

[2] Voir le *Dictionnaire* de de Ferrière, v° DOUAIRE.

[3] De Ferrière, v° COMMUNAUTÉ DE BIENS ENTRE CONJOINTS. — Des édi-

Un autre type du notaire nous est présenté dans *les Femmes savantes*. Le notaire des *Femmes savantes* est un praticien de sens, un homme que rien n'émeut et qui sait tenir tête à trois folles. Philaminte veut qu'il change son style ; mais on ne l'amènera pas à innover en cette matière.

> Notre style est fort bon, et je serais un sot,
> Madame, de vouloir y changer un seul mot.

Quand Bélise, revenant à la charge, lui présente supplique au nom de la science et lui dit :

> Veuillez, au lieu d'écus, de livres et de francs,
> Nous exprimer la dot en mines et talents,
> Et dater par les mots d'ides et de calendes,

le notaire, qui sait que de pareilles indications ne seraient pas de mise à la régie du contrôle [1], répond avec un excellent à-propos :

> Moi? Si j'allais, madame, accorder vos demandes,
> Je me ferais siffler de tous mes compagnons.
>   (Acte V, sc. iii.)

Ce notaire est tout notaire, comme M. Purgon est tout médecin, c'est-à-dire *de la tête aux pieds* [2]. Aussi, quand Philaminte lui indique Trissotin pour époux d'Henriette, et que Chrysale lui montre Clitandre comme celui auquel il destine la main de sa fille, le notaire laisse échapper une expression du plus parfait comique et qui le peint tout entier :

> .... Deux époux,
> C'est trop pour la coutume................
>   (Acte V, sc. iii.)

tions, dont plusieurs sont, du reste, fort correctes, contiennent ici une virgule après le mot *biens*; elle dénature le sens du passage de Molière, et doit être effacée. — Les *biens immeubles et conquêts* tombant en communauté alors comme aujourd'hui (art. 1401, 3° du Code Napoléon), étaient ceux acquis pendant le mariage.

[1] Aujourd'hui l'enregistrement.

[2] Dans *le Malade imaginaire*, acte III, sc. iii, Béralde dit à son frère Argan : « Il y en a parmi eux (les médecins) qui sont eux-mêmes dans l'erreur populaire dont ils profitent, et d'autres qui en profitent sans y être. Votre monsieur Purgon, par exemple, n'y entend point de finesse : *C'est un homme tout médecin depuis la tête jusqu'aux pieds.* »

Il ne raisonne pas, il ne discute pas sur ce qu'aurait de blessant pour la morale une union avec deux époux; il ne connaît que la coutume. Comme on l'a dit [1], la coutume, voilà son jugement, ses yeux, sa mesure.

Combien est différent M. de Bonnefoi, le notaire de la pièce du *Malade imaginaire*. Le notaire des *Femmes savantes* ne connaît que la coutume; fidèle au devoir professionnel, il ne s'en écarte pas. L'autre, tout autrement retors, sait se jouer avec une extrême facilité des dispositions les plus embarrassantes de la loi.

La situation de famille d'Argan, on le sait, est celle-ci : il a deux enfants d'un premier mariage : Angélique et Louison, et il a épousé en secondes noces Béline, à laquelle il veut laisser tout son bien.

M. de Bonnefoi lui expose que « la coutume y résiste. Si vous étiez en pays de droit écrit, cela se pourrait faire ; mais à Paris et dans les pays coutumiers, au moins dans la plupart, c'est ce qui ne se peut et la disposition serait nulle. Tout l'avantage qu'homme et femme conjoints par le mariage se peuvent faire l'un à l'autre, c'est un don mutuel entre-vifs; encore faut-il qu'il n'y ait enfants soit des deux conjoints ou de l'un d'eux, lors du décès du premier mourant [2]. »

Cette exposition de principes par M. de Bonnefoi est la reproduction très-exacte des articles 280 et 282 de la coutume de Paris, dont il convient de transcrire la teneur, pour que chacun puisse juger de la fidélité de la reproduction :

ART. 280. « Homme et femme conjoints par mariage, étants en santé, peuvent et leur loist faire donation mutuelle l'un à l'autre également de tous leurs biens, meubles et conquêts immeubles, faits durant et constant leur mariage, et qui sont trouvés à eux appartenir et être communs entre eux à l'heure du trépas du premier mourant desdits conjoints : pour en jouir par le survivant d'iceux conjoints, sa vie durant seulement, en baillant par lui caution suffisante de restituer lesdits biens après son trépas, pourvu qu'il n'y ait enfants soit des deux conjoints ou de l'un d'eux, lors du décès du premier mourant. »

---

[1] M. Aimé-Martin, dans son édition *Variorum*, et en annotation sur la scène citée.

[2] Acte I, sc. IX.

... Art. 282. « Homme et femme conjoints par mariage, constant icelui, ne peuvent avantager l'un l'autre par donation faite entre-vifs, par testament ou ordonnance de dernière volonté ne autrement, directement ne indirectement, en quelque manière que ce soit, sinon par don mutuel, tel que dessus. »

Charondas explique la défense des donations *constant le mariage*, et ce qu'il dit va directement à l'adresse de Béline : « S'il eût été possible aux conjoints de s'entre-donner, l'un eût pu, par blandices, feintes larmes et mignardises, et autres fardées caresses d'amour attirer l'autre à lui donner tous ses biens [1]. » Les *blandices*, les feintes larmes, les mignardises, les caresses fardées d'amour, tels sont bien les procédés de captation de la seconde femme d'Argan. Celui-ci, qui est sous le charme de Béline, trouve la coutume *fort impertinente;* mais qu'il se rassure, M. de Bonnefoi va lui fournir à point nommé les moyens de dépouiller ses enfants. M. de Bonnefoi proclame « qu'il faut mettre de la facilité dans les choses, autrement les notaires ne feraient rien ; » et, sans cela, « il ne donnerait pas un sol de son métier. » Voilà qui satisfait Argan, auquel sa femme avait bien dit que M. de Bonnefoi était fort habile et fort honnête homme.

M. de Bonnefoi est fécond en expédients; qu'on en juge : « Comment vous pouvez faire ? Vous pouvez choisir doucement un ami intime de votre femme, auquel vous donnerez en bonne forme, par votre testament, tout ce que vous pouvez, et cet ami ensuite lui rendra tout. Vous pouvez encore contracter un grand nombre d'obligations non suspectes au profit de divers créanciers, qui prêteront leur nom à votre femme et entre les mains de laquelle ils mettront leur déclaration que ce qu'ils en ont fait n'a été que pour lui faire plaisir. Vous pouvez aussi, pendant que vous êtes en vie, mettre entre ses mains de l'argent comptant ou des billets que vous pourrez avoir payables au porteur. »

Telle est la variété de moyens qu'indique le notaire. A cette époque, où les valeurs industrielles n'existaient pas et où l'on ne pratiquait pas dans la bourgeoisie le prêt à intérêt, les fraudes à la loi, en matière de libéralités interdites, étaient plus difficiles

---

[1] Voir son commentaire intitulé : *Coutume de la ville, prévôté et vicomté de Paris,* ou *Droit civil parisien* (sur l'article 282).

qu'aujourd'hui ; on voit cependant, par l'exposé de M. de Bonnefoi, qu'avec quelque ressource dans l'intelligence il y avait
encore possibilité de se tirer d'affaire. — Le moyen de déguise-
ment alors le plus usuel, et que ne néglige pas non plus M. de
Bonnefoi, était le fidéicommis *tacite*, ainsi appelé par opposition
au fidéicommis *simple* ou *ordinaire* [1]. L'article 282 de la coutume
de Paris, que nous avons cité, déclarait nul le fidéicommis fait
par l'un des conjoints au profit de l'autre par personne interpo-
sée ; mais quand on parvenait à tenir secret ce fidéicommis, et
c'est le conseil que donne M. de Bonnefoi, il produisait son
effet, car *de ignotis non judicat prœtor.*

Trois autres hommes de justice plus subalternes tiennent une
place secondaire dans le théâtre de Molière ; ce sont l'huissier,
le commissaire et le garde de la maréchaussée.

L'huissier ne paraît que dans le *Tartuffe.* M. Loyal n'est rien
de moins qu'un personnage. Normand de naissance, il est venu
exploiter à Paris, et tout indique qu'il y a fait son chemin.

> Je m'appelle Loyal, natif de Normandie,
> Et suis huissier à verge en dépit de l'envie.
> (Acte V, sc. IV.)

Sa situation était privilégiée. D'abord, il est huissier, et non
simple sergent ; bien que la fonction fût à peu près la même,
l'huissier était officier des cours supérieures, tandis que le sergent n'était qu'officier des justices subalternes [2]. Aussi, quand
l'ordonnance de 1667 impose l'obligation de se démettre aux
officiers de cet ordre ne sachant pas écrire, elle ne parle que
des sergents [3] : sa disposition n'allait à l'adresse d'aucun huissier. Ce n'est pas tout : la qualité d'huissier à verge, que reven-
dique M. Loyal, appartenait, par exception, aux huissiers qui
devaient faire leur résidence à Paris. Les huissiers à verge, dit
Chenu dans son *Livre des offices de France*, sont ainsi appelés
« parce qu'ils portent en leur main une verge ou baguette
pour toucher ceux contre lesquels ils font quelques exploits de

---

[1] Garcias, jurisconsulte espagnol, a fait un traité estimé et fort consulté
au dix-septième siècle : *De tacito fideicommisso.*

[2] *Dictionnaire de droit et de pratique*, par de Ferrière, v° SERGENT.

[3] Art. 14, tit. II, de l'ordonnance de 1667.

justice[1]. » Le port de la verge était traditionnel ; dans la farce
de *Maistre Pierre Pathelin*, qui date de la seconde moitié du
quinzième siècle au plus tard, le berger qui a reçu un exploit
d'ajournement dit au drapier :

> Ne sais quel vêtu de rayé[2],
> Mon bon seigneur, tout dévoyé,
> Qui tenait *un fouet sans corde*,
> M'a dit.......................

M. Loyal est tout confit en feinte douceur et en patelinage
raffiné. Il est très-digne de faire les affaires de M. Tartuffe, et
je ne doute pas qu'il ne tienne très-bien son rang dans ce que
Molière appelle *la cabale*[3].

Le commissaire figure dans deux pièces : dans *l'École des
maris* et dans *l'Avare*.

Les commissaires, qui rentraient, selon Loyseau, dans la classe
des officiers vénaux, n'avaient aucun droit à la qualification de
magistrats[4] ; ils remplissaient des fonctions mi-civiles et mi-
criminelles, et l'on peut dire d'eux assez exactement qu'ils man-
geaient à deux râteliers.

La charge principale des commissaires au Châtelet de Paris et
de ceux qui, à leur exemple, avaient été érigés dans quelques
autres villes, consistait à visiter les tavernes, les bordeaux et au-

[1] Chenu, *Livre des offices de France*, p. 900 (édition de 1620).

[2] L'habit du sergent devait être originairement *rayé* ; on ne voulait pas
qu'il fût noir comme celui du clerc ou homme d'Église. On lit dans un
édit de Charles VIII, d'octobre 1485 : « Nous avons ordonné et ordonnons
qu'aucun ne soit reçu à l'office de sergent s'il n'est *pur laï ou marié, non
portant tonsure*, ou continuellement portant rayé ou parti. » — Du temps
de Molière, il n'en est plus ainsi ; témoin cette apostrophe de Damis à
M. Loyal (le *Tartuffe*, acte V, sc. IV) :

> Vous pourriez bien ici *sur votre noir jupon*,
> Monsieur l'huissier à verge, attirer le bâton.

[3] La *cabale*, signifie le parti des faux dévots. Voir *Don Juan*, acte V, sc. II.
— Pascal, dans ses *Provinciales*, emploie le mot dans le même sens.

[4] Originairement, ils n'étaient pas même officiers, étant commis par les
juges pour faire des expéditions, puis des enquêtes ou informations, les
juges, notamment ceux de Paris, *ne voulant prendre la peine de vaquer
eux-mêmes à ces travaux* (voir sur ce point Loyseau, *Du droit des offices*,
liv. I, chap. VIII, n. 37).

tres lieux publics, et ajourner ou emprisonner les délinquants, ce qui les faisait participer à l'office des sergents. Aussi, au dire de Loyseau, les sergents se faisaient-ils, par contre et pour titre d'honneur, communément appeler *commissaires* [1].

Le commissaire, qui achetait son office, ne marchait guère que moyennant finance [2], et, comme on le lit dans *les Caquets de l'accouchée* (p. 37 de l'édition déjà citée), publiés l'année même de la naissance de Molière, « tandis que l'on leur vendra, jamais ne feront rien qui vaille. » Molière nous retrace ces habitudes de cupidité dans les deux commissaires qu'il nous montre sur la scène. Dans *l'Ecole des maris*, le grossier Sganarelle dit assez crûment à l'homme de justice :

> Vous serez pleinement contenté de vos soins,
> Mais ne vous laissez pas graisser la patte au moins.
> (Acte III, sc. v.)

Dans *l'Avare*, au dénouement, le commissaire réclame lui-même son salaire en ces termes : « Holà ! messieurs, holà ! tout doucement, s'il vous plaît, qui me payera mes écritures ? » Et comme Harpagon, dont la cassette est retrouvée, lui dit : « Nous n'avons que faire de vos écritures ; » le commissaire reprend : « Oui, mais je ne prétends pas, moi, les avoir faites pour rien [3]. »

Remarquons, en passant, que le commissaire de *l'Avare* a eu des succès dans sa partie ; il s'en targue lui-même d'une façon comique : « Ce n'est pas d'aujourd'hui que je me mêle de découvrir des vols, et je voudrais avoir autant de sacs de mille francs que j'ai fait pendre de personnes [4]. »

Le cœur humain ne change pas, et il y a quelque trente ans, dans la ville même où est écrit ce travail, un président de la

---

[1] *Des offices*, liv. IV, chap. VIII, n. 3.

[2] Selon le mot de Loyseau, quand les gens ont acheté chèrement leur office en gros, il faut qu'ils le revendent avarement en détail (Loyseau, *Des offices*, liv. IV, chap. VII, n. 25). — Au rapport d'Ayrault, les bas officiers de justice volaient *coutumièrement* tout ce qu'il y avait de plus précieux et riche dans les maisons (*l'Ordre, formalité et instruction judiciaire*, liv. III, 2e partie, n. 14, *in fine*).

[3] Acte V, sc. VI.

[4] Acte V, sc. I.

Cour d'assises, ancien magistrat aux colonies avant la Révolution, rappelait avec complaisance, dans une réunion d'apparat, le grand nombre de ceux de ses anciens justiciables qu'il avait condamnés à mort.

On trouve une anecdote du même genre dans Locré [1]. Lrs de la discussion du projet de Code criminel au Conseil d'Etat, M. Berlier y cita le trait d'un lieutenant criminel, très-honnête homme, qui, pour prouver combien sa carrière avait été utilement remplie, se complaisait à rappeler le nombre des malfaiteurs qu'il avait fait pendre, et qui, invité à dire combien de personnes avaient été absoutes pendant son long exercice, répondit n'en avoir point tenu note.

Le garde de la maréchaussée, dont nous traitons après le commissaire, appartient à un ordre de juridiction qui a existé jusqu'à la Révolution sous le titre de *Tribunal du point d'honneur*. Les maréchaux de France étaient juges du point d'honneur entre les gentilshommes et ceux qui font profession des armes. Ce tribunal se tenait chez le doyen des maréchaux de France. L'objet de cette juridiction était d'empêcher les duels. Aussi, dès qu'il y avait avis d'une querelle, les maréchaux de France, ou les lieutenants généraux, ou les gouverneurs généraux, chacun dans leur département, envoyaient assignation aux parties à comparoir devant eux, avec défense de procéder par voies de fait, et au besoin même ils leur envoyaient des gardes, aux dépens desdites parties [2]. Les règles, devant les juges du point d'honneur, n'étaient pas les mêmes que devant les juges civils ordinaires; c'est ainsi qu'ils étaient autorisés à condamner à payer celui qui avait perdu au jeu sur parole [3].

Il nous reste maintenant à parler du rôle des magistrats dans le théâtre de Molière.

Les historiens du Théâtre-Français, les frères Parfait, racontent que l'acteur Gros-Guillaume, ayant eu la hardiesse de contrefaire un magistrat à qui une certaine grimace était familière, il le contrefit trop bien, car il fut décrété, ainsi que ses deux

---

[1] Voir p. 24 du tome **XXIV** de son ouvrage intitulé : *Législation civile, commerciale et criminelle.*

[2] *Code pénal*, de L'Averdy, p. 58 et 160.

[3] *Dictionnaire* de de Ferrière, v° POINT D'HONNEUR.

compagnons, Turlupin et Gauthier-Garguille. Ceux-ci prirent la fuite ; mais Gros-Guillaume fut arrêté et mis dans un cachot. — Toujours selon les frères Parfait, le saisissement qu'il en eut lui causa la mort, et la douleur que Gauthier-Garguille et Turlupin en ressentirent les emporta aussi dans la même semaine.

M. Aimé-Martin, qui rapporte le récit des frères Parfait, ajoute cette réflexion : « Molière avait environ douze ans à l'époque de cette catastrophe. Elle dut le frapper, car il est à remarquer que dans aucune de ses pièces il n'a introduit le rôle de magistrat [1]. »

Le récit des frères Parfait est inexact et la conséquence qu'en tire M. Aimé-Martin l'est aussi. D'abord, cette triste fin de trois farceurs serait trop symétriquement apprêtée pour qu'on pût y ajouter créance facile ; mais, il y a plus, elle est démentie par des titres et des dates. Gauthier-Garguille n'a pas eu à pleurer la mort de Gros-Guillaume : il est mort avant lui en décembre 1633. Gros-Guillaume, du reste, lui survécut peu ; il mourut en 1634. Quant à Turlupin, il paraît n'être mort qu'en 1637[2]. La légende est touchante, mais elle n'est pas véridique.

Quant à l'impression que le triple trépas aurait produite sur Molière, elle est tout aussi peu fondée, et la preuve de l'inexactitude de l'observation que nous réfutons se puise dans le théâtre même de Molière. Molière a introduit, en effet, le rôle d'un magistrat dans une de ses pièces. M. Aimé-Martin, qui savait pourtant si bien son Molière, l'a oublié ; il ne s'est pas souvenu que Molière avait joué le conseiller Thibaudier dans *la Comtesse d'Escarbagnas*. M. Thibaudier est même magistrat de degré supérieur ; c'est son valet, Jeannot *de M. le conseiller*[3], comme on disait alors, qui se charge de nous l'apprendre. Ce magistrat du présidial d'Angoulême ne dit qu'un mot qui se rattache à l'exercice de sa fonction, et ce propos d'homme à bonnes fortunes et de fat suffit pour nous inspirer fort peu d'estime pour son caractère professionnel. Il promet son appui à une femme

---

[1] Voir la note au bas des pages i et ii du tome I de la 4e édition des *Œuvres de Molière*, avec les notes de tous les commentateurs.

[2] Voir l'édition des *Chansons de Gauthier-Garguille*, publiée en 1858, par M. Edouard Fournier, p. 215 et 216. La réfutation du récit des frères Parfait y est faite d'une façon fort concluante avec autorités à l'appui.

[3] C'est-à-dire étant au service de M. le conseiller.

si jamais elle a un procès, et s'il le lui promet si spontanément,
c'est, il le confesse, parce qu'il croit qu'elle parle pour lui contre
son rival, et que, selon l'expression qu'il emploie, elle se fait
l'avocat de sa flamme [1].

M. Thibaudier doit être un de ces conseillers érigés en titre
d'office qui avaient remplacé ceux que Loyseau appelle *les conseillers d'auparavant*, qui étaient pour la plupart d'anciens
avocats. Dumoulin, sur les Coutumes, ajoute Loyseau, se plai-
gnait fort de cette substitution dans le personnel, disant « qu'il
ne se voyoit pas à beaucoup près tant d'appellations auparavant, pour ce que les procès étoient jugés par d'anciens avocats,
au lieu que maintenant ils sont jugés par de jeunes conseillers,
ignorants pour la plupart, n'y ayant guère d'autres qui achètent
ces petits offices que ceux qui ne sont capables d'être avocats [2]. »
Voilà le conseiller Thibaudier peint d'original, et il est certain
que, quand on l'entend parler de sa profession qu'il a achetée,
on est tenté de dire ce qu'écrira plus tard Beaumarchais, que
c'est un grand abus de vendre les charges [3].

Molière se serait encore moins souvenu de l'avertissement de
circonspection qu'il aurait puisé dans la mort de Gros-Guillaume,
si, comme on l'a écrit et comme Voltaire l'a répété lui-même dans
la *Vie de Molière*, celui-ci avait dit, sur son théâtre, le 6 août 1667,
à propos de l'interdiction qui frappa la seconde représentation
de sa pièce du *Tartuffe* : «Messieurs, nous allions vous donner *le
Tartuffe*, mais M. le premier président ne veut pas qu'on le joue [4].»
Mais la vérité est que Molière n'a pas prononcé ces paroles ren-
fermant un sous-entendu injurieux à l'égard du premier président Lamoignon, qui n'était rien moins qu'un tartuffe ; il était
gallican et d'une piété tolérante [5]. En outre, une pareille incar-

---

[1] *La Comtesse d'Escarbagnas*, sc. XVI.

[2] *Des ordres*, chap. VIII, n. 30.

[3] *Le Mariage de Figaro*, acte III, sc. XII.

[4] Voir la *Vie de Molière*, par Voltaire, dans la partie consacrée à l'ap-
préciation du *Tartuffe*.

[5] Il s'est peint lui-même dans cette parole : *Ma vie et ma santé sont au
public.* — C'est lui qui a dit encore ce mot d'une résignation qui touche
au sublime : « Ne nous vengeons jamais sur l'État des chagrins que les
ministres nous donnent. » — Voir, pour la première citation, p. 36, et pour
la seconde, p. 32 de la *Vie de Lamoignon*, en tête de l'édition de 1781 de
ses *Arrêtés*.

tade n'aurait pas été supportée à une époque où quiconque aurait insulté le premier président en fonctions eût fort risqué,
avec un système de peines arbitraires, d'être envoyé au gibet
pour un manquement de la nature de celui qu'on prête à
Molière [1]. La chose est, d'ailleurs, déniée par un bon garant,
par Boileau, ami intime du fils du premier président et ami
aussi de Molière. Brossette lui ayant demandé s'il était vrai que
Molière, *comme on le disait*, eût tenu ce singulier langage, Boileau lui répondit *que cela n'était pas véritable et qu'il savait le
contraire par lui-même* [2].

V

Pour faire le bilan complet de ce qui se rattache à la langue
du droit dans Molière, il convient de réunir dans un dernier
paragraphe quelques locutions du langage juridique qui se ren-
contrent dans ses œuvres et qui peuvent avoir besoin de commentaire aujourd'hui.

Dans *l'Avare*, Harpagon, qui reproche à Cléante, son fils,
de donner dans le marquis, le gourmande ainsi sur son luxe :
«Est-il rien de plus scandaleux que ce somptueux équipage que
vous promenez par la ville? Je querellais hier votre sœur;
mais c'est encore pis. Voilà qui crie vengeance au ciel, et à vous
prendre depuis les pieds jusqu'à la tête, il y aurait là de quoi
faire une bonne constitution [3]. »

L'explication de cette bonne constitution est restée un des
desiderata de Génin. « A coup sûr, dit-il, il ne s'agit point là de
ce que nous appelons dans le langage politique une bonne
constitution; qu'est-ce donc? C'est apparemment une façon de
parler tombée en désuétude... Les commentateurs sont muets;
cependant ils ont souvent pris la peine d'expliquer dés locutions qui en avaient beaucoup moins besoin. Vous me direz à
cela qu'ils les ont expliquées parce qu'elles étaient claires [4]. »

---

[1] Dans la séance du Conseil d'Etat du 29 octobre 1808, Regnaud, sur
l'article 178 du projet de Code pénal, rappelait, sans être démenti, « qu'autrefois quiconque aurait insulté le premier président en fonctions eût été
envoyé au gibet. »

[2] Voir la *Correspondance entre Boileau et Brossette*, publiée par M. La-
verdet en 1858, p. 564 et suiv.

[3] Acte I, sc. v.

[4] Génin, *Récréations philologiques*, 1856, t. I, p. 40 et 41.

Génin a raison; il ne s'agit pas d'une constitution politique,
les idées de la bourgeoisie d'alors, en plein siècle de Louis XIV
et peu d'années après la cessation des troubles de la Fronde,
n'étaient pas tournées vers ces choses-là. Il ne s'agit pas da-
vantage d'une constitution du genre de celle dont il est question dans ce passage du *Malade imaginaire*, où Béralde dit à
son frère : « J'entends, mon frère, que je ne vois point d'homme
qui soit moins malade que vous, et que je ne demanderois
point une meilleure *constitution* que la vôtre[1]. » Harpagon ad-
mire trop sincèrement la maxime *qu'il faut manger pour vivre et
non pas vivre pour manger*, pour engager son fils, qui paraît
d'ailleurs en pleine prospérité de santé, à se faire à prix d'argent
une bonne constitution d'estomac. De quoi s'agit-il donc? D'une
chose toute simple et dont Génin lui-même n'aurait pas demandé l'explication, s'il s'était reporté à ce fragment du *Francion*
où on lit: « Notre pédant se met à discourir tout haut de ses
moyens avec une impertinence la plus grande du monde... De
plus, reprit-il, j'ai une *constitution de rente de trois mille livres*
au denier seize sur une personne grandement solvable[2]. » Voilà
une constitution toute dans le caractère d'Harpagon, et c'est à
elle que se réfère son observation.

Le contrat de constitution de rente était un contrat par lequel
celui qui empruntait de l'argent vendait et constituait sur lui
une rente au profit de celui qui lui prêtait, laquelle rente était
rachetable moyennant la restitution de ce qu'on appelait le *sort
principal*, c'est-à-dire la somme qui avait été prêtée.

Nous venons de voir que dans le *Francion*, dont la première
édition est de 1622, il est question d'une constitution de rente
au denier seize, c'est-à-dire d'un intérêt annuel de plus de 6
pour 100, puisque placer son argent au denier seize signifiait le
donner à rente pour l'intérêt annuel d'un seizième. Harpagon,
s'il n'avait pas eu quelques ressources dans son sac, aurait
regretté cet heureux temps. Entre la publication du *Francion*
et la représentation de *l'Avare*, il était intervenu, en effet, deux
dispositions de loi abaissant le taux du placement des rentes,

---

[1] Acte III, sc. III.

[2] Voir p. 162 de l'édition déjà citée de *la Vraie histoire comique de
Francion*.

qui, par édit de Henri IV du mois de juillet 1601, pouvaient être constituées au denier seize. Il avait été décidé d'abord qu'elles ne pourraient plus dorénavant l'être qu'au denier dix-huit, aux termes d'un édit du roi Louis XIII, vérifié en Parlement le 16 juin 1634 ; puis, par un autre édit vérifié le 22 décembre 1665, trois ans seulement avant la première représentation de *l'Avare*, que les registres de la Comédie française fixent au 9 septembre 1668, les constitutions de rente avaient été réduites au denier vingt.

Les constitutions, sous une législation qui prohibait le prêt à intérêt, étaient le placement usuel ; elles sont aujourd'hui hors d'usage [1] ; mais, il y a quelque soixante-dix ans, le moindre bourgeois de Paris aurait pu donner satisfaction à feu Génin pour l'explication qu'il cherchait. La vérité est que la langue des affaires change selon les époques, et il est à peu près certain que, si Molière ressuscitait, il aurait besoin qu'on lui expliquât ce que, dans notre siècle d'opérations de bourse, nous entendons par *les bonnes actions d'aujourd'hui*.

La *caution bourgeoise* était encore un terme de pratique. La caution bourgeoise était celle qui présentait des garanties suffisantes pour le payement. On lit dans le *Dictionnaire de droit et de pratique* de de Ferrière, publié en 1734, au mot CAUTION BOURGEOISE, cette courte définition : « On entend par ces termes une bonne caution [2]. » S'il est alors question d'une caution bourgeoise, c'est que la noblesse du temps se soumettait difficilement, sans doute, aux assujettissements du cautionnement, qui est une charge pour le fidéjusseur ou partie qui cautionne, et qui indique en même temps de la méfiance vis-à-vis de celui de qui on l'exige. *Satisdatio onus est et contumelia* (L. *Si patronum*, D). Aujourd'hui, nous ne nous préoccuperions plus de la *bourgeoisie* de la caution, mais bien de sa *solvabilité* (voir art. 518 du Code de procédure civile, au titre *Des réceptions de caution*).

Molière nous parle à deux places de la caution bourgeoise. Dans *les Précieuses ridicules* Mascarille dit à Cathos : « Je vois ici deux

---

[1] Voir pourtant l'article 530 du Code Napoléon.

[2] Le mot, pendant la seconde moitié du dix-huitième siècle, paraît être tombé en désuétude ; car on ne le retrouve plus dans le recueil publié en forme de répertoire par le praticien Denizart.

yeux, qui ont la mine d'être de fort mauvais garçons, de faire
insulte aux libertés et de traiter une âme de Turc à More. Comment diable! D'abord qu'on les approche, ils se mettent sur
leur garde meurtrière. Ah! par ma foi, je m'en défie! et je m'en
vais gagner au pied, ou je veux *caution bourgeoise* qu'ils ne
mo feront point de mal [1]. » La même expression se retrouve
dans *la Critique de l'Ecole des femmes*, à propos de la discussion
entre Dorante et le Marquis.

LE MARQUIS.

Quoi! chevalier, est-ce que tu prétends soutenir cette pièce?

DORANTE.

Oui, je prétends la soutenir.

LE MARQUIS.

Parbleu! je la garantis détestable.

DORANTE.

La caution n'est pas bourgeoise.

(Sc. VI.)

Dans la pièce du *Dépit amoureux*, Gros-René et Marinette ne
se doutent probablement pas qu'ils se conforment à une tradition du droit romain lorsqu'ils *rompent la paille* en signe d'une
brouille définitive. C'est Gros-René qui fait l'offre de cet em-
blème, en disant :

Pour couper tout chemin à nous rapatrier,
Il faut rompre la paille. Une paille rompue
Rend entre gens d'honneur une affaire conclue.

(Acte IV, sc. IV.)

Bellingen a trouvé l'origine de cet usage dans le droit civil
romain. Un homme qui faisait l'abandon de son bien à ses créanciers était obligé de rompre un fétu de paille sur le seuil de sa
maison, ce qui voulait dire qu'il faisait faux bond aux marchands, affront à ses amis, honte à ses parents, *et rompait avec
tous.* — Plus tard, au moyen âge, en Italie, les marchands qui
ne faisaient pas honneur à leurs engagements ont eu aussi leur
banc rompu sur le marché local, et c'est de là qu'on fait venir,
avec une entière apparence de vérité, l'origine des mots *banqueroute* et *banqueroutier.*

[1] Sc. x.

L'*et tant moins* est encore une locution de la pratique d'alors. On la trouve dans *George Dandin*, où Lubin, après avoir demandé à Claudine de lui accorder un baiser en rabattant sur leur mariage, insiste en disant : « Claudine, je t'en prie, sur l'*et tant moins* [1]. » Lubin, qui s'annonce lui-même comme un homme, *qui, s'il avait étudié, aurait été songer à des choses où on n'a jamais songé* [2], Lubin a dû entendre parler de l'*et tant moins* dans quelque petit siége de justice de son voisinage. L'*et tant moins* était une expression synonyme d'*en déduction* ; donner sur l'*et tant moins* signifiait donc donner *sur et tant moins de ce qui était réellement dû*.

Dans cette même pièce, Mme de Sotenville, née de la Prudoterie, vante fort à son gendre l'avantage d'être alliée à cette maison « dont elle a l'honneur d'être issue, maison où le ventre anoblit et qui par ce beau privilége rendra ses enfants gentilshommes [3]. »

Il convient de remarquer que Mme de Sotenville peut avoir raison. Sans doute, on tenait comme principe de droit commun en France, que *le ventre affranchit et la verge anoblit*. Par conséquent, comme l'écrit Loyseau, « tant s'en faut que la gentifemme mariée à un roturier transfère sa noblesse à son mari, ni à ses enfants, qu'au contraire elle-même la perd, parce que c'est une règle perpétuelle que la femme suit la qualité de son mari [4]. »

Mais voici ce qui donne raison à Mme de Sotenville : par une exception aux règles ordinaires, les coutumes de la province de Champagne, c'est-à-dire celles de Troyes, Sens, Meaux, Chaumont et Vitry, portaient expressément que pour être noble il suffisait d'être descendu de père *ou mère* noble ; ce qui provenait, selon la tradition, d'un privilége accordé aux Champenois après la bataille de Fontenay, près Auxerre, entre le roi Charles le Chauve et ses frères [5]. Ce privilége, contraire au droit commun et que Mme de Sottenville a raison de faire sonner

---

[1] Acte II, sc. III.

[2] Même pièce, acte III, sc. I.

[3] Acte I, sc. IV.

[4] Loyseau, *Traité des ordres et simples dignités*, ch. V, n. 65.

[5] Loyseau, *ut suprà*, n. 66 ; et de Ferrière, v° NOBLESSE PAR LES MÈRES

très-haut, n'avait été fondé que sur la nécessité de rétablir une noblesse éteinte, afin de conserver les familles de ceux qui avaient perdu la vie pour le salut de leur patrie.

Une autre expression de cette même pièce de *George Dandin* peut avoir besoin aujourd'hui d'être expliquée. Molière y fait dire par George Dandin, à la première scène, une parole qui peut être considérée comme l'exposition de toute la pièce, et cette parole est : *Ah ! qu'une femme demoiselle est une étrange affaire*[1] *!* » — On trouve aussi dans le *Francion*, à quelques lignes du passage cité un peu plus haut à propos des constitutions de rente, une expression analogue. Une femme, qu'un pédant courtise, veut savoir s'il a assez de bien pour la maintenir *en l'état de demoiselle*[2]. C'est qu'en effet, à cette époque, parmi les femmes mariées, n'était pas en état de demoiselle qui voulait : c'était une grave question du budget conjugal. Ainsi, dans le livre *des ordres*, de Loyseau, nous voyons que les appellations des femmes variaient selon la qualité du mari : « La femme du chevalier ou autre plus grand seigneur est appelée Madame ; celle du noble, madamoiselle ; celle du bourgeois s'appelait anciennement Dame telle. » Cependant les bourgeoises enrichies ne se contentaient plus, du temps de Loyseau, de cette dernière qualification, car il ajoute : « Mais depuis, pour être distinguée de l'artisanne, qui est pareillement appelée Dame telle, la bourgeoise a voulu être appelée Madame ; de sorte qu'à présent il n'y a plus de distinction entre les dames damées et les bourgeoises quant à l'avant-nom[3]. »

Quoi qu'il en soit, le titre de Madamoiselle ou de Mademoiselle continua de rester propre, du temps de Molière, aux femmes mariées qui étaient nées de parents nobles. Cet usage était ancien, car on connaît plusieurs lettres de Montaigne adressées à sa femme et qui commencent ainsi : « A mademoiselle de Montaigne, ma femme. »

Cent ans après Molière, le nom de *demoiselle* était, au contraire, tombé en discrédit, autant du moins qu'on l'appliquait à une femme mariée, et il n'allait plus qu'à l'adresse des petites

---

[1] Acte I, sc. I.
[2] Voir p. 162 de l'édition de M. Colombey.
[3] *Des ordres*, chap. XII, n. 38.

gens dans leurs rapports avec les supériorités sociales. Mme Roland se plaint, dans ses Mémoires, de la morgue d'une femme qualifiée qui affectait, peu d'années avant 1789, de donner devant elle à sa mère la qualification de Mademoiselle, parce que celle-ci était la femme d'un simple graveur de Paris. — Quelques vieillards se souviennent encore d'avoir vu des murs de la capitale couverts des affiches d'un sieur Martin, marchand de rouge, *fils de la demoiselle Martin*, du très-légitime mariage de laquelle il était issu.

VI

Ici se termine l'examen que nous avons voulu faire au sujet de l'emploi de la langue du droit dans le théâtre de Molière. En mettant en relief cette partie de son œuvre, nous n'aurons pas ajouté le plus faible rayon à sa gloire; mais notre conclusion et celle du lecteur seront que Molière, sous ce rapport, a fait preuve d'une exactitude qui défie la critique des gens du métier, et qui prouve le soin minutieux qu'il mettait dans la fidélité des détails de toutes ses peintures. C'est à ce soin constant, fécondé par son génie, qu'il doit la vérité de ses portraits et c'est ce qui faisait dire, à la représentation d'une de ses pièces, à un autre chercheur, excellent juge de tels efforts, à La Fontaine, bien digne d'être son admirateur : *c'est mon homme*[1].

Par le petit endroit que nous avons mis en saillie dans l'ensemble du tableau de la comédie de Molière, on peut se convaincre, comme il le disait lui-même, que « c'est une étrange entreprise que celle de faire rire les honnêtes gens[2], » tâche bien laborieuse, en effet, puisqu'après vingt ans de travaux dramatiques[3], elle usait à cinquante et un ans de vie *le contemplateur* (c'était le nom que lui avait donné Boileau) et en sa personne la plus grande puissance d'observation et la plus glorieuse illustration du grand siècle.

---

[1] La Fontaine, qui assistait à la fête de Fouquet, où on joua *les Fâcheux*, écrivait, peu de jours après, à son ami Maucroix, en lui parlant de Molière : « C'est mon homme. »

[2] *La Critique de l'Ecole des femmes*, sc. VII.

[3] *L'Etourdi*, la première pièce de Molière, fut représenté à Lyon en 1653; *le Malade imaginaire*, sa dernière création, fut joué à Paris le 10 février 1673. — Molière mourut à sept jours de là, le 17 février 1673, âgé de cinquante et un ans, un mois et deux jours.

On sait que Louis XIV, demandant un jour à son historio-
graphe Despréaux quel était l'homme qui honorait le plus son
siècle, en obtint cette réponse : «Sire, c'est Molière. — Je ne
le croyais pas, répondit le roi, mais vous vous y connaissez mieux
que moi[1]. » Louis XIV avait raison de s'incliner en cette matière ; Boileau s'y connaissait et la postérité a ratifié son jugement. De toutes les célébrités du dix-septième siècle, Molière
est resté la plus notoire, la plus inattaquée et, s'il m'est permis de le dire, *la plus pratique*, puisque l'étude de la vie privée
a été le sujet de tous ses travaux. Il a été véritablement le peintre
de la comédie humaine, et les œuvres de ses rivaux les plus
heureux démontrent qu'il a enseveli dans la tombe son secret
avec lui ; il a eu quelques successeurs irréguliers, mais il n'a
pas eu d'héritiers.

[1] Notice sur Boileau Despréaux, par Amar.